गिरीश कारनाड

19 मई, 1938 को माथेरान, महाराष्ट्र में जन्मे गिरीश कारनाड की मातृभाषा कन्नड़ है। गणित की सर्वोच्च परीक्षा में सफल होकर 'रोड्स स्कॉलर' के रूप में ऑक्सफ़ोर्ड गए।

1963 में ऑक्सफ़ोर्ड यूनिवर्सिटी प्रेस, मद्रास में नौकरी की। 1979 में पूना के फ़िल्म-संस्थान में प्रधानाचार्य रहे। 1988 से 1993 तक संगीत नाटक अकादेमी, नई दिल्ली के अध्यक्ष भी रहे।

पहला नाटक 'ययाति' 1968 में छपा और चर्चा का विषय बना। 'तुग़लक' को लेखन-प्रकाशन और बहुभाषी अनुवादों-प्रदर्शनों से राष्ट्रीय स्तर के नाटककार के रूप में प्रतिष्ठा मिली। 1971 में 'हयवदन' का प्रकाशन, अभिमंचन। 2015 में 'बलि'; 2017 में 'शादी का एलबम', 'बिखरे बिम्ब और पुष्प'; 2018 में 'टीपू सुल्तान के ख़्वाब' का प्रकाशन हुआ।

उन्होंने 'संस्कार', 'वंशवृक्ष', 'काड़ू', 'अंकुर', 'निशान्त', 'स्वामी' और 'गोधूलि' जैसी राष्ट्रीय-अन्तरराष्ट्रीय स्तर पर पुरस्कृत एवं प्रशंसित फ़िल्मों में अभिनय-निर्देशन किया। 'मृच्छकटिक' पर आधारित फ़िल्मालेख, 'उत्सव' के लेखक-निर्देशक तथा एक लोकप्रिय दूरदर्शन धारावाहिक के महत्त्वपूर्ण अभिनेता के रूप में बहुचर्चित रहे।

उन्हें 'तुग़लक' के लिए संगीत नाटक अकादेमी पुरस्कार, 'हयवदन' के लिए कमलादेवी चट्टोपाध्याय पुरस्कार, 'रक्त कल्याण' के लिए साहित्य अकादेमी पुरस्कार तथा साहित्य में समग्र योगदान के लिए ज्ञानपीठ पुरस्कार से सम्मानित किया गया।

निधन : 10 जून, 2019

अनुवादक : रामगोपाल बजाज

समसामयिक आधुनिक भारतीय रंगमंच के प्रतिष्ठित व्यक्तित्व रामगोपाल बजाज का जन्म 5 मार्च, 1940 को दरभंगा, बिहार में हुआ।

1965 में राष्ट्रीय नाट्य विद्यालय एवं एशियन थियेटर इंस्टीट्यूट से अभिनय में विशेषज्ञता प्राप्त की और कालान्तर में रंगमंच के साथ-साथ, टेलीविजन और सिनेमा के क्षेत्र में उल्लेखनीय अभिनय-कार्य किया। उन्होंने कविताओं के मंचन एवं पाठ की अपनी शैली विकसित की। नाट्य-समीक्षक के रूप में साप्ताहिक हिन्दी पत्र 'दिनमान' से भी जुड़े रहे। वर्ष 1988 से 1994 तक राष्ट्रीय नाट्य विद्यालय रंगमंडल के प्रमुख रहे। 2018 में एशिया प्रशान्त क्षेत्र–रंग समुदाय की ओर से उन्होंने पेरिस में विश्व रंगमंच दिवस संदेश प्रस्तुत किया।

उन्हें दिल्ली साहित्य कला परिषद् के 'परिषद् सम्मान', 'संगीत नाटक अकादेमी पुरस्कार', 'नांदिकार सम्मान', 'पद्मश्री सम्मान' तथा 'ब.व. कारंत स्मृति पुरस्कार' से सम्मानित किया जा चुका है।

सम्प्रति : स्वतंत्र लेखन।

अग्नि और बरखा

गथरी थिएटर के लिए गिरीश कारनाड द्वारा विशेष रूप से लिखी गई मूल कन्नड़ा नाट्य-रचना जिसका अंग्रेज़ी अनुवाद लेखक ने स्वयं किया और लेखक के अंग्रेजी रूप से हिंदी में अनुवाद किया प्रोफेसर राम गोपाल बजाज ने।

अग्नि और बरखा

गिरीश कारनाड

अनुवाद
राम गोपाल बजाज

राधाकृष्ण पेपरबैक्स

पहला पुस्तकालय संस्करण
राधाकृष्ण प्रकाशन प्राइवेट लिमिटेड द्वारा
2001 में प्रकाशित

राधाकृष्ण पेपरबैक्स में
पहला संस्करण : 2019
तीसरा संस्करण : 2023

राधाकृष्ण पेपरबैक्स : उत्कृष्ट साहित्य के जनसुलभ संस्करण

राधाकृष्ण प्रकाशन प्राइवेट लिमिटेड
जी-17, जगतपुरी, दिल्ली-110 051
द्वारा प्रकाशित

शाखाएँ : अशोक राजपथ, साइंस कॉलेज के सामने, पटना-800 006
पहली मंजिल, दरबारी बिल्डिंग, महात्मा गांधी मार्ग, प्रयागराज-211 001
1, अनमोल सोराबजी संतुक लेन, धोबी तलाव, मरीन लाइंस, मुम्बई-400 002
वेबसाइट : www.radhakrishnaprakashan.com
ई-मेल : info@radhakrishnaprakashan.com

बी.के. ऑफसेट
नवीन शाहदरा, दिल्ली-110 032
द्वारा मुद्रित

मूल्य : ₹ 199

AGNI AUR BARKHA
Play by Girish Karnad
Translated by Ram Gopal Bajaj

ISBN : 978-81-8361-919-6

राष्ट्रीय नाट्य विद्यालय रंगमंडल द्वारा 28 मार्च 1996 में हुई इस नाटक की प्रस्तुति में निम्न कलाकारों ने भाग लिया। परिकल्पना एवं निर्देशन प्रसन्ना।

अरवसु	–	यशपाल शर्मा
		समीप सिंह
परावसु	–	एहसान ख़ान
		श्रीवर्धन त्रिवेदी
रैभ्य	–	विजय राज़
नित्तिलाई	–	सपना संड
		अश्विनी गिरि
विशाखा	–	हरविन्दर कौर
		वायलेट एन. तिवारी
यवक्री	–	ज्ञान प्रकाश
		मुकेश तिवारी
दीक्षित राजा	–	विजय राज़
सभासद	–	श्रीवर्धन त्रिवेदी
		एहसान ख़ान
अंधक	–	सीताराम पांचाल
		पराग शर्माह
नित्तिलाई का भाई	–	पराग शर्माह
		सीताराम पांचाल
कर्तानट	–	सतीश गौतम
ब्राह्मण	–	समीप सिंह
		यशपाल शर्मा
		मुकेश तिवारी
		ज्ञान प्रकाश
		पराग शर्माह
		सीताराम पांचाल
		राजेश तिवारी

		मोतीलाल खरे
सिपाही	–	राजेश तिवारी
		एहसान ख़ान
		श्रीवर्धन त्रिवेदी
वृत्रासुर	–	यशपाल शर्मा
		समीप सिंह
इन्द्र	–	सतीश गौतम
विश्वरूप	–	अश्विनी गिरि
		हरविन्दर कौर
भागवत	–	मुकेश तिवारी
		ज्ञान प्रकाश
सूत्रधार	–	मुकेश तिवारी
		ज्ञान प्रकाश

अनुवादक की ओर से

नाटककार गिरीश कारनाड ने मूलत: यह नाटक अपनी मातृभाषा कन्नड़ में लिखा था *अग्नि मत्तु मले*। स्वयं नाटककार ने इसका अंग्रेजी अनुवाद मुझे सौंपा था जिससे मैंने यह हिन्दी अनुवाद किया। कन्नड़भाषी छात्रों और मित्रों से कई बार मूल कन्नड़ की ध्वनि भी ग्रहण करने की कोशिश की। उच्चवर्ण एवं ग्रामीण अथवा आदिवासी संस्कार, भाषा की ध्वनि, जहाँ तक बन पड़ा मैंने डालने की कोशिश की। इसकी पहली प्रस्तुति राष्ट्रीय नाट्य विद्यालय रंगमंडल में प्रसन्ना के निर्देशन में हुई थी किन्तु इस अनुवाद की इस प्रस्तुति के बाद भी स्वयं लेखक के साथ बैठकर जाँच-परख की गई और उनके सुझावों के अनुसार इसका संस्कार किया गया। अत: यह अनुवाद लेखक द्वारा उसके अंग्रेजी रूप पर आधारित है। भूल-चूक मेरी अक्षमता है। फिर भी एक महत्त्वपूर्ण आधुनिक भारतीय नाटककार के नाटक का यह हिन्दी रूप पाठकों तक पहुँचाने के निमित्त मैं अपने को कृतार्थ मान रहा हूँ।

1 जनवरी 2001

—राम गोपाल बजाज

‘अग्नि और बरखा’ की प्रस्तुति से कुछ दृश्य

भूमिका

महाभारत के वन पर्व (अध्याय 135 से 138) में यवक्री अर्थात् यवक्रत का वृत्तान्त आता है। संत लोमष द्वारा यह गाथा पांडवों को सुनाई जा रही होती है जब पांडव अपने वनवास काल में देशाटन में यहाँ-वहाँ भटक रहे होते हैं। मैं संस्कृत के कई ऐसे आचार्यों से मिला हूँ जो इस गाथा से अनभिज्ञ थे। महाभारत की महागाथा का पटल इतना जटिल है भी कि ऐसी संक्षिप्त कथा का ध्यान न रहना असहज नहीं।

मैं कॉलेज ही में था और चक्रवर्ती राजगोपालाचारी के संक्षिप्त महाभारत का अंग्रेजी संस्करण पढ़ रहा था। तभी पहली बार यवक्री और परावसु की कहानी से मेरा पहला परिचय हुआ। राजाजी संसार की बृहत्तम महागाथा का संपादन मात्र चार सौ पृष्ठों में कर रहे थे तो भी यह लघु अवांतर कथा उनसे नहीं छूटी—राजाजी की संवेदना और दृष्टि का प्रमाण।

और, यह मेरा सौभाग्य है कि राजाजी ने यह कहानी छोड़ी नहीं वरना मैं वह कहानी चूक जाता जिसे लेकर मुझे नाटक लिखना ही था। उसके बाद तो सैंतीस वर्षों तक मैं इस कहानी से जूझता रहा कि किस प्रकार एक संगत ढाँचे में इस कथा के विभिन्न अर्थों को नाट्यशः पिरो सकूँ। सन् 1993 में मुझे अमेरिका के मिन्यापोलिस के प्रसिद्ध गथरी थिएटर ने एक काम सौंपा कि मैं उनके लिए विशेष रूप से नाटक लिख दूँ। बस उसने मुझे इस काम में सचमुच बलपूर्वक सन्नद्ध कर दिया। सन् 1994 का अक्टूबर माह, मिन्यापोलिस में एक रंग-शिविर लगाया गया था जिसमें मुझे अमेरिकी अभिनेताओं के

साथ एक मंचीय आलेख तैयार करना था। मैं कृतज्ञतापूर्वक धन्यवाद देता हूँ गार्लेण्ड राईट को, जो वहाँ की रंगशाला के कलात्मक निर्देशक थे (इन्होंने ही मेरा नाटक नागमंडल पहले निर्देशित भी किया) धन्यवाद मेडेलिन पूज़ो को जिन्होंने सारे आयोजन की देखरेख की और सुमित्रा मुखर्जी को भी जिन्होंने मेरे काम का परिचय इन लोगों को देकर इस योजना का सूत्रपात किया था। बारबरा फिल्ड भी थीं। उनमें एक भिन्न संस्कृति की सूक्ष्मताओं के प्रति संवेदनशीलता थी, रंगमंच के लिए प्रतिबद्धता थी और साथ ही एक व्यावहारिक वृत्ति भी थी जो उस शिविर में एक ड्रामातुर्ग (नाट्यविद) की हैसियत से विशिष्ट योगदान दे पाईं। वो अब भी मेरी निकट और मूल्यवान मित्र हैं। अभिनेतागणों ने भी भरपूर सहयोग एवं अपनी समझदारी से आलेख को नये-नये रूप में ढालने में मेरी मदद की। मैं विशेष रूप से अभिनेत्री अमी काने को स्मरण करना चाहूँगा जिनकी समझ और संवेदना के कारण पात्र नित्तिलाई इतना मार्मिक हो सका था। इस नाटक को लिखने के प्रसंग में मैंने अनेकों पंडित, मित्र और विद्वानों का धीरज टटोला है। विशेष रूप से ऋण स्वीकारता हूँ विद्यालंकार प्रोफेसर एस.के. रामचन्द्र राव का जिन्होंने मेरे लिए कथा के एक-एक शब्द की व्याख्या की। अपने गुरु महामहोपाध्याय प्रोफेसर के.टी. पांडुरंगी के सुझावों की ओर भी मैं बार-बार उन्मुख हुआ। प्रोफेसर रामचन्द्र गाँधी ने मूल आलेख पढ़ा और समालोचना दी। और अन्त में धारवाड़ के अरुणाचार्य कट्टी को धन्यवाद, वे एक पुरोहित हैं, उन्होंने मुझे समझाया कि 'यज्ञ' एक 'कर्त्ता' को अन्दर से कैसा लगता है। प्रोफेसर शैल्डन पॉल्लाक (शिकागो विश्वविद्यालय), प्रोफेसर हैद्रून ब्रुकनेर (तुबिंगेन विश्वविद्यालय)और डॉ. सुरेश अवस्थी (भूतपूर्व सचिव, संगीत नाटक अकादेमी) इन सभी महानुभावों का आभार मानता हूँ, जिन्होंने 'यज्ञ' और 'नाट्य' संबंधी महत्त्वपूर्ण प्रकाशनों की ओर मेरा ध्यान आकृष्ट किया।

—गिरीश कारनाड

बंगलौर
1998

पात्र

राजा
सभासद
कर्तानट
कई पुरोहित
परावसु : पर्जन्य सत्र का मुख्य पुरोहित होता
अरवसु : परावसु का छोटा भाई
नित्तिलाई : अरवसु की मित्र और निषाद कन्या
अंधक : एक बूढ़ा सूरदास-यवक्री का सेवक
विशाखा : परावसु की पत्नी और यवक्री की पूर्व प्रेमिका
यवक्री : परावसु का चचेरा भाई
रैभ्य : परावसु और अरवसु का पिता
ब्रह्मराक्षस : एक प्रेतात्मा
नित्तिलाई का भाई
देवराज इंद्र
एक अभिनेता जो विश्वरूप की भूमिका में है
प्रहरी
समूह जन इत्यादि

पहला अंक

[सूखा पड़ा है—अकाल। दस बरसों से बरखा की बूँद नहीं...सो पानी के देवता मेघराज इंद्र को प्रसन्न करने के लिए यज्ञ चल रहा है—सात वर्षों से पर्जन्य सत्र।

जब मंच पर प्रकाश होता है सबसे पहले हमें ब्रह्म राक्षस दिखाई देता है लगभग नग्न आकृति। यह आकृति मंच पर और सभी को देख सकती है लेकिन वे सब उसे नहीं देख सकते। वेद-मंत्र घोष सुनाई देते हैं और क्रमशः मंच और भाषित होता है तब हम देखते हैं कि वहाँ वेदिका मंडप है। अनेक होम कुंडों में यज्ञ अग्नि धधक रही है।...साथ-साथ होम करनेवाले पुरोहित ऋत्विजों के उच्चार हैं। वे यज्ञ में हवि डाल रहे हैं। बिना सिले याज्ञिक वस्त्रों में यज्ञोपवीत धारे ये वैदिक यज्ञ का दीक्षित—यज्ञमान—राजा है। सिर ढँका हुआ है उसका। और परावसु—यज्ञ का मुख्य पुरोहित है, जिसे अध्वर्यु कहते हैं। उनकी आयु होगी—अट्ठाइस। यज्ञ बिना विघ्न के सम्पन्न हो, नियम टूटे नहीं, विधि कोई छूटे नहीं, इसका भार अध्वर्यु पर है। यों ही मंत्रोघोष चलते हैं। फिर रुक जाते हैं—धीमे-धीमे। प्रातःकाल की यज्ञविधि हो गई पूरी। राजदूत और कर्त्तानट प्रवेश करते हैं और संकेत से अभिनेता को पास बुला लेते हैं। सभासद समझा रहा है उस नट को—भई, तुम रुको यहीं—वेदिका-मंडप के पास। भीतर प्रवेश नहीं अभिनेताओं का...। और लो, वह गया सभासद—राजा के पास भागता हुआ! अरे, यज्ञ-मंडप के भीतर गया वह। राजा से चिरौरी करता है वह। देखो, सारे पुरोहित भी वहीं जमा हो गए हैं—अब तो...]

राजा : **(दहाड़ता हुआ)** ना ! कदापि नहीं ! असंभव !

पुरोहित-1 : ओहो, किंतु मंडली है कहाँ ?

दरबारी : नगर-द्वार पर है–प्रतीक्षा में।

पुरोहित-2 : दीक्षित ! अनुमति दें–आने दे उन्हें।

राजा : हमने उन्हें रोका नहीं। वे आ सकते हैं। किंतु वह युवक, उसे नहीं आने दूँगा।

पुरोहित-3 : तीन वर्ष हुए–हमने कोई खेल नहीं देखा। लीला नहीं देखी।

पुरोहित-4 : कभी तो महीने में चार-चार लीलाएँ देखने को मिलती थीं !

पुरोहित-3 : सच तो यह है कि हम थक गए हैं–ये ऊबाऊ-अंतहीन... दार्शनिक शास्त्रार्थ, आध्यात्मिक तर्क, अनुमान और वितंडावाद ...दिन-प्रतिदिन। यज्ञहोम हो...पर इतना नी-रस ! सूखा ठूँठ !

पुरोहित-1 : संयोग ही है कि ये मंडली आ गई है।

दूत : ये मंडली और प्रदेशों को चली गयी थी। किन्तु ये सब अब यहाँ आ गये हैं। क्योंकि यज्ञ संपन्न होने को है।

राजा : किन्तु ये लोग उसे ही क्यों चाहते हैं ? वो तो जन्म से नट भी नहीं है।

दूत : वह नट कहता है कि उनकी मंडली के बहुत सारे लोग बिखर गये हैं अकाल के कारण। सारे पात्रधारी अभिनेता अन्य प्रदेशों को भाग गये हैं। अतः इस युवक के बिना अब वो नाटक कर ही नहीं सकते।

पुरोहित-4 : दुहाई ! उन्हें अपनी नटलीला खेलने दें, दीक्षित !

राजा : किन्तु अध्वर्यु नहीं मानेंगे।

पुरोहित-1 : उन्हें पूछ न देखें ? **(पुकारता है)** अध्वर्युजी...!

परावसु : **(प्रवेश कर)** किसी ने बुलाया मुझको ?

राजा : **(सभासद से)** बताओ इन्हें तुम।

सभासद : बात यूँ है कि नटों की एक टोली...एक नाट्य-मंडल... नगर द्वार पर आई...आया हुआ है।...यहाँ हो रहे इस अग्नि के यज्ञ में वो भी एक नाट्यलीला करना-चाहते हैं।

परावसु : मुझे लगा था–सारी ही नाटक-टोलियाँ...अकाल के मुँह

में...समाप्त हो चुकी हैं।

सभासद : ऐसा ही हुआ है। बस...यही एक बच रही है।

[अभिनेता मैनेजर की ओर इशारा करते हुए]

सभासद : वह अभिनेता है। एक विशेष निवेदन करना चाहता है। दूरी से ही अपनी बात कहेगा।

[परावसु हामी में सिर हिलाता है। सभासद कर्तानट को पुकारता है।]

सभासद : तुम जोर-जोर से बोल दो, जो भी बोलना है, वहीं से। हाँ, ध्यान रहे...चेहरा वेदिका मंडप से परे रखना होगा...

[कर्तानट खड़ा होता है। उसका मुख वेदिका-मंडप से विपरीत दिशा में है।...ऊँचे स्वर में नाटकीय ढंग से घोषित करता-सा :]

कर्तानट : महापुरुषो, आप तो जानते ही हैं, आदिकाल में प्रजापति ब्रह्मा ने चारों वेदों को एकत्र करके नाट्यवेद नामक पंचमवेद की सृष्टि की और अपने परमपुत्र इंद्र को भेंट कर दी। गगनांग के स्वामी भगवान इंद्र ने दे दी यह विद्या पार्थिव देहधारी मानवों के लिए भरतमुनि को। क्योंकि देवगण मिथ्या माया-लीला का आचरण कैसे करते भला! सभी ज्ञानीजन यह जानते हैं इसलिए अब इंद्र देवता को, मघवा को प्रसन्न करना होवे, दस वर्षों के इस अनंत अकाल दुर्भिक्ष को मिटाना होवे...जिसने हमारी धरती को जलाकर भस्मीभूत कर डाला है, तो अग्नि होम से काम नहीं बनेगा। चक्षु-यज्ञ भी चाहिए। जैसे देवता आहूति के भूखे हैं वैसे ही इनकी आँखें नटक्रीड़ा के लिए भूखी हैं। इसलिए हम साधारण अप्रबुद्ध लोग इन्द्र विजय का खेल खेलना चाहते हैं इस यज्ञ में हमारा नैवेद्य...भगवान इंद्र इसमें वृत्तासुर राक्षस का कैसे तो संहार करते हैं! वृत्तासुर ने संसार का सारा जल अपने पेट में भर लिया था। सो इंद्र उसका पेट फाड़कर जल को मुक्त करते हैं और धरती फिर से हरी हो जाती है। यह लीला दिखाओ, तब आशा

बनती है–इंद्रदेव हमें पानी दे दे...हमारी मनचाही बरसात हो ही जाय...स्यात! स्यात हमें वाद्यवृन्द का तालछन्द सुनाई पड़े प्राज्ञ।

[लंबी चुप्पी। परावसु राजा की ओर मुड़कर।]

परावसु : निश्चय ही इस निर्णय में आपको मेरी आवश्यकता तो नहीं ?

सभासद : **(हिचकता-सा)** समस्या यह है...नाटक खेलने के लिए अभिनेता-नट पूरे नहीं पड़ रहे हैं। सो ये लोग एक नया अभिनेता साथ लेना चाहते हैं।

पुरोहित : आपके...भाई को।

परावसु : **(धीमे स्वर में)** अरवसु!

सभासद : **(जल्दी से)** मैंने पहले ही कह दिया था कर्तानट को...उसे छोड़ कोई भी ले लो...उसका प्रवेश यहाँ वर्जित है...किंतु ये कर्तानट कहता है–उसके बिना नाटक संभव नहीं। नट ही पूरे नहीं।

राजा : हमें दबाना चाहते हैं वे लोग। जानते हैं कि होता पुरोहितों की पाँत मनोरंजन की भूखी है।

[लंबी चुप्पी। परावसु भी चुप है। अन्य पुरोहित परावसु की प्रतिक्रिया की प्रतीक्षा कर रहे हैं।]

सभासद : कर्तानट का कहना है कि आपके लिए आपके भाई ने एक विशेष संवाद भेजा है। यदि अनुमति दें, वह संवाद को दुहरा देगा–ज्यों का त्यों। आपके भाई ने उसे शब्द-शब्द सिखाया है। जो भी उसे कहना है। ज्यों का त्यों।

परावसु : क्या संवाद ?

राजा : **(चिंतित)** ...देखिए, सभी लोग सुनेंगे–शब्द-शब्द।

परावसु : क्यों नहीं ? सुनें तो क्या है ?

सभासद : **(कर्तानट को पुकारता हुआ)** तुम्हें कुछ जोड़ना भी हो.. .तो जोड़ लो।

कर्तानट : एक भाई को एक भाई का संदेश–मेरे प्यारे अग्रज! आपने कभी कहा था मुझको, कि भरतमुनि के पुत्र आदि में

अभिनेता हुआ करते थे। इसी धंधे के कारण उन्हें अपनी जाति से गिरना पड़ा। अभिशाप मिला...और अपयशहीनता की दशा को प्राप्त हुए। जन्मजात उच्चकुल की चिंता है तो इस कार्य को कभी छूना भी नहीं।' और मैं मान गया था।...किंतु आज...मैं एक अपराधी हूँ ब्रह्महत्या का... मैंने अपने पिता की हत्या कर दी। कलंकित हो ही चुका हूँ मैं। अब तो मैं अभिनेता नट हो जाऊँ तो क्या है ? अब मेरा रास्ता मत रोकिए !

[लंबा अंतराल। सभी परावसु को जिज्ञासा से देखते हैं।]

राजा : परावसु ! यज्ञ की पूर्णाहुति होनेवाली है। सात वर्षों से हमने यज्ञ-साधना में कोई विघ्न नहीं पड़ने दिया और तुमने हमारा मार्गदर्शन किया है। इसे सांग रूप से पूरा हो जाने दो। इन्द्रादि देवता तृप्त हो जाएँ जल बरसने दो। बस, वर्षा हो जाए...फिर चाहे जितने नाटक-लीलाएँ माँगें वह...मुक्त अनुमति होगी। खुलकर खेलें। अभी जैसे-जैसे यज्ञ पूरा होने को है—राक्षसों की प्रेतिल-छायाएँ मँडराने लगेंगी...विघ्न-बाधाएँ विकराल होने लगेंगी। तुम्हारे ही शब्द हैं।

परावसु : सम्भवतः यज्ञ की पूरी सार्थकता के लिए जोखिम आवश्यक है।

राजा : तुम्हीं ने उसे यज्ञ मंडप से भगा दिया था। तुम्हीं ने उसको दानव कहा था।

परावसु : सम्भवतः दानवों को यज्ञभूमि से दूर रखना सम्भव नहीं। इस नित्य सम्बन्ध को हम तोड़ नहीं सकते। होने दें—नाट्य। हम सभी देखेंगे—लीला।

[सभासद सिर हिलाकर हाँ कहता है। वह कर्तानट की ओर भागता है, जो उत्साह में सिर हिलाता है। मंच पर अँधेरा होता है। नटों की एक मंडली, तीन पुरुष दो-एक स्त्रियाँ कुछ पोशाकों की पोटलियाँ, आभूषण और मंच सामग्री सँभाले आती हैं और

समवेत होकर तैयार होती हैं। इन्हीं पुरुषों में से अरवसु भी एक है। अरवसु राक्षस का मुखौटा निकालता है। राजा, परावसु, पुरोहित आदि और उनके पीछे नगरजन सभी मेला देखने के लिए एकत्र होते हैं। कर्तानट नांदिगान आरंभ करता है। मंच पर अँधेरा होने लगता है। साथ-साथ प्रकाश अरवसु पर केन्द्रित होता है। लगभग अट्ठारह वर्ष का। उसके जनेऊ नहीं है।]

अरवसु : नित्तिलाई ! सुनती हो। भैय्या मान गया। वह भी होगा–वहाँ लीला देखने को। लेकिन तुम कहाँ हो ? तुम यहाँ क्यों नहीं ? नित्तिलाई ! नित्तिलाई ! मैं नाटक में अभिनय करूँगा नित्तिलाई ! ...आशा है, तुम भी देखोगी। मान जाओ–मान भी जाओ...अवश्य देखना। इतने वर्षों की साध पूरी होने को है। नाटक-लीला होने ही वाली है। लेकिन तुम जानती हो–भैय्या भी जानता है–मैं भी जानता हूँ–यह वास्तविक नाटक नहीं। यह कथा है–गल्पगाथा–मिथक पुराणों से...। वास्तविक नाटक तो कहीं और ही से आरंभ हुआ था–एक महीने पहले। मेरा और तुम्हारा ब्याह होना था। नवजीवन का आरंभ था। जब मुझे तुम्हारे आदिवासी बड़े-बूढ़ों से मिलना था। नित्तिलाई !

[नित्तिलाई ! एक चौदह वर्षीया लड़की। अरवसु के पास आकर बैठती है। दोनों एक-दूसरे पर रीझे हैं, पर प्रायः एक-दूसरे को छूते नहीं–सिवा तब, जहाँ विशेष निर्देश लिखे हों।]

नित्तिलाई : क्या है ? वही रटंत लगाए रहोगे। आपसे कहा नहीं था–इत्ते सोच-विचार की बात ही क्या है ! बड़े-बूढ़े बड़-पीपल के नीचे चौरे पर बैठकी लगाएँगे...आपसे जो कुछ पूछेंगे–बता देना...आप...

अरवसु : कल एक पलक भर नहीं झपकी–सारी रात...। तुम्हारे बड़के सगे-सम्बन्धियों के विचार आते रहे और मैं ठंडे

पसीने के पानी में गोते खाता रहा...

नित्तिलाई : काहे को घबराये हैं आप ? इत्ते बरसों से जानते तो हैं सभी को...नहीं ? और लड़के जवान नहीं होते ? उनको ये सब नहीं करना पड़ता जैसे। अपने पर भरोसा रखिए और बोल दीजिए...कि...

अरवसु : हाँ, पता है, इतना भर कहना है–मैं उसे अपनी घरवाली बनाऊँगा। मैं पुंसत्वधारी हूँ। मैं इस स्त्री को हर तरह से तृप्त कर सकता हूँ।...

नित्तिलाई : **(शरमाकर)** हाँ, कुछ ऐसा ही कहते हैं।

अरवसु : सभी के सामने ? भरी सभा में ?

नित्तिलाई : बिलकुल ! और नहीं अकेले में ? फुसफुसाने से क्या होगा ? **(हँसती है)** सोचो नहीं–इतने में क्या है ? कुछ नहीं।

अरवसु : कुछ नहीं। हाँ। तुम्हारे जंगली जवानों के लिए कुछ नहीं। मैं ब्राह्मण बच्चा हूँ। मंत्रघोष और यज्ञ के धुएँ के पीछे छिपने के बजाय और सांकेतिक गूढ़ भाषा में बात कहने की बजाय दस लोगों से यूँ खुल्ला बोलना...बाबा रे...डर लगता है...वहाँ बहुत सारे जने तो नहीं होंगे न...कितने जने...

नित्तिलाई : पूरा गाँव होगा–सारे होंगे–लो।...

अरवसु : हम यहाँ से भाग नहीं सकते ?

नित्तिलाई : जब दूल्हा ब्राह्मण हो तो पास-पड़ोस के गाँव वाले भी आएँगे।

अरवसु : हे भगवान ! ये बड़े-बूढ़े कठोर तो नहीं होते न ?

नित्तिलाई : बिलकुल नहीं। हाँ, नौजवान कठिन हो सकते हैं।

अरवसु : कौन-से नौजवान ?

नित्तिलाई : तुम्हारे संगी-साथी–मेरे भाई-भतीजे–सभा में आए और भी सजीले–सब मस्ती में होते हैं। यही तो मौके होते हैं, मनमानी का रंग होता है सब कहीं...

अरवसु : मैं नहीं आता फिर।

नित्तिलाई : दैया ! कोई भूत-पिशाच सुन ही लेवे ? पगलपना नहीं

अरवसु ! बापू ने जवानों से कह दिया है—होश में रहें। उन्हें तुम अच्छे लगते हो। जाने क्यों किस कारण ? अकाल पड़ा है—सो वैसे भी मरद कम ही बचे हैं। औरतें होंगी सभी। झुंड की झुंड।...

अरवसु : तुम्हारी औरतें ? बाप रे !...वो तो चबा ही डालेंगी मुझे—ताम्बूल की तरह...!

नित्तिलाई : दस्तूरी हक है यह तो उनका। चलो-चलो, बड़ी डींगे हाँका करते थे कि अगर तुम्हें कहीं औसर मिल जाए, तो बड़े-बड़ों को, हजारों-हजार को अपनी बतकही से छका सकते हो। तो लो...छकाओ अब उनको !

अरवसु : वो तो मैं नाटक की बात कर रहा था, लीला करने की बात, लेकिन यह तो वास्तववाली बात है। यहाँ तो मैं—मैं ही रहूँगा...

नित्तिलाई : सो तो है।

नित्तिलाई : अच्छा, बताओ, तुम्हारी अपने लोगों से इस विषय में दो-चार हुई कि नहीं ? **[चुप्पी]** बताया उनको ? नहीं न !...क्यों ? लाज आती है कि निषाद कन्या से ब्याह कर रहे हो।

अरवसु : नहीं...लजाने की क्या बात है ! यह लो, मैं अभी दिखाए देता हूँ !

[अरवसु नित्तिलाई का हाथ पकड़कर अपने निकट खींच लेता है।]

नित्तिलाई : छोड़ो-छोड़ो, जाने भी दो मुझको ! यह क्या करने लगे ?

अरवसु : क्यों ? क्या मुझे अधिकार नहीं कि मैं तुम्हें...?

नित्तिलाई : नहीं...ब्याह के पहले...बिलकुल...कुछ भी नहीं। उसके पहले लड़की अपने होनेवाले मरद को छुए भी तो गलत होता है। हमारे यहाँ ऐसी ही मानता चली आई है...हाँ, तो...।

अरवसु : वाह री...मेरी अम्माँ कहीं की ! अरे मैं तो तेरे वास्ते अपनी जाति, अपने सगों को छोड़ रहा हूँ... अपना पूरा

अतीत और परम्परा को किनारे कर रहा हूँ...और एक तू है कि मेरे लिए एक अपनी छोटी-सी रीत से चिपककर बैठी है !

नित्तिलाई : जब रीत ही इतनी अच्छी हो तो...समझदारी की बात है। इसमें मानने लायक है, तभी तो।

अरवसु : आज तक मैंने तुम्हें क्यों नहीं छुआ ? क्योंकि ब्राह्मण निषाद जाति के लोगों को नहीं छुआ करते...और अब तुम मुझे क्यों नहीं छू सकतीं, क्योंकि तुम्हारी जाति की लड़कियाँ अपने मंगेतर को नहीं छू सकतीं...तो अब इस बात का भी कैसे भरोसा हो कि हमारा ब्याह हो जाने के बाद भी ऐसे ही न छू सकनेवाली कोई न कोई रीत हमारे और तुम्हारे बीच में बाधा नहीं बन जाएगी ?

[नित्तिलाई उसे रोकती है और एक ओर को इशारा करती है। दोनों यवक्री के पिता की कुटिया से थोड़े ही दूर पर हैं। एक अंधा आदमी, जिसका नाम अंधक है, द्वार पर बैठा है। अरवसु सिर हिलाता है और नित्तिलाई को चुप रहकर देखने का इशारा करता है। अरवसु कुटिया की तरफ चल पड़ता है। वह घूम-घुमावदार ढंग से जाता है—अपनी चाल को छिपाता हुआ।]

अन्हरा बाबा : अरे, कौन ?...अरवसु है क्या ?

[नित्तिलाई हँसती हुई दोहरी हो जाती है। अरवसु ऊपर उछलकर बैठ जाता है—निराशा के मारे। अपनी असफलता पर वह क्षुब्ध है।]

अरवसु : कौन कहेगा कान इसको—आँख ही आँख भरी हैं तेरे कानों में। बाबा रे बाबा !

नित्तिलाई : **(अंधे बाबा से)** बाबा, ये इस तरह दुबके चल रहे थे कि आप समझ न सकें, कौन है। आपको छकाने के लिए।

अन्हरा बाबा : मुझे सभी छकाने का जतन करते हैं और हर बार मैं ही छका देता हूँ। तुम आँखवाले जैसे नाक, कान, चेहरे से

पहचानते हो, वैसे ही मैं पाँव के आहट से आदमी पहचान लेता हूँ।

अरवसु : बूढ़े बाबा, कभी न कभी आपको भी छकाऊँगा। देख लेना।

अन्हरा बाबा : ऊपरवाला तेरे मन की भी पूरी करे। लेकिन बच्चे, तुम दोनों ने अभी तो मेरा मन हरा कर दिया। कानों को ऐसी मीठी-मीठी खबर सुनने को मिली है...गुड़ की डली हो जैसी।

अरवसु : बात आप तक पहुँच गई पहले ही ?

नित्तिलाई : हम चाहते थे, आपको अचानक बताएँगे तो...

अन्हरा बाबा : देखो, तुम दोनों बड़े निडर हो, साहसी हो। सुनो, समाजवालों को ये पसंद नहीं होता। तुम इतने वर्षों से साथ-साथ घूमे फिरे, खेले कूदे। मुझे चिन्ता है अब दुनियाँ तुम्हें अलग-अलग न कर दे।

नित्तिलाई : बाबा, देखो न, अभी तक इन्होंने केवल मेरे घरवालों से बात की है। अपने घरवालों को बताया भी नहीं।

अन्हरा बाबा : अरे उसकी हालियत तो तुम्हें समझनी चाहिए कि नहीं ? मधुमक्खियों को छेड़ोगे तो मधु कैसे निकालोगे ?

अरवसु : ये जो अकाल पड़ा है, इस संकट का एक लाभ तो है ही।

नित्तिलाई : ऐसा नहीं कहते। ये भी कोई अच्छी बात है !

अरवसु : हाँ, समझता हूँ–फिर भी अकाल पड़ा। अकाल के मारे मेरे सम्बन्धी और परिवारवाले नगरों की ओर भाग निकले। वे अपनी बेटियों के ब्याह इस क्षेत्र से कहीं बाहर ही करना चाहते हैं। इसलिए अब उन्हें इस बात की कोई चिंता नहीं–मैं किसे ब्याहता हूँ।

अन्हरा बाबा : **(स्वर कठिन नहीं है)** हाँ, लोग यह तो जानते हैं कि तुम बहुत चतुर भी नहीं हो, इसलिए तुम कोई ऐसे वर तो हो नहीं जिसके पीछे लड़कियों वाले पाँत लगाए खड़े हों।

[अरवसु मुँह बिचकाता है। नित्तिलाई चुपचाप-सी खिलखिलाती है।]

अरवसु : मैं तुमसे सच कहता हूँ। मैं बहुत डरा हुआ था। भयानक कष्ट में था। मुझे डर था कि लोग क्या कहेंगे। मैं डर से सचमुच काँप रहा था।

नित्तिलाई : इसीलिए तो मैं खुद आई हूँ आज कि कहीं तू भाग न जाए।

अन्हरा बाबा : तू अपने भाई को भेज सकती थी।

नित्तिलाई : मेरे भाई को इनके आश्रम नहीं सुहाते।

अरवसु : ऐसा है कि अभी उसी दिन मैं बैठा-बैठा सोच रहा था **(अंधक को सुनाने के लिए जोर से)** यानी सोचने का बड़ा जतन कर रहा था कि अचानक मेरी बुद्धि ने मुझसे कहा–कितना बुद्धू है तू! मैं अपने पिता और चाचा जैसा विद्वान तो कभी हो ही नहीं सकूँगा। सम्राट के राजकीय यज्ञ-संचालन का मान भी कहीं नहीं मिलेगा मुझे, जैसे भैया परवसु को मिला और अपने चचेरे भाई यवक्री के जैसी तप-साधना भी नहीं कर पाऊँगा, मैंने समझ लिया। मैं तो सिर्फ नाचना चाहता हूँ, गाना चाहता हूँ और अभिनय करना चाहता हूँ। इसके अतिरिक्त नित्तिलाई का साथ चाहिए मुझे जीवन में और मेरे पिता को कोई चिंता नहीं इस बात की कि मैं जीता हूँ कि मर गया। उनकी दृष्टि में मेरा मोल गोबर के उपले बराबर भी नहीं और मेरी भाभी तो...वो अपने ही संसार में उलझी डूबती-उतराती रहती है। अब बचा कौन! ले-देकर मेरे भाई...सो वो...

अन्हरा बाबा : बड़ा ही कठोर व्यक्ति है वह।

अरवसु : कठोर! नहीं, मेरे साथ तो नहीं। मेरे लिए तो वही मेरी माँ, वही मेरे पिता-बंधु, धात्री और गुरु-सखा। सब कुछ अकेले वही हैं मेरे लिए। माँ ने मुझे जनम भी दिया और मर गई। पिता ने आँख भर देखा नहीं। कभी भैय्या परवसु ने मुझे कंचे खेलना सिखाया बालापन में। बाँस काटकर बंसी की पहली धुन मैंने उन्हीं से सीखी। मेरा तो सब कुछ उन्हीं का दिया है।

अन्हरा बाबा : तो अब जो कहीं वो मना कर दे तो तू क्या करेगा?

अरवसु : कह दूँगा मैं उनको कि मैं नित्तिलाई को नहीं छोड़ सकता। वही मेरा जीवन है। मैं उसके बिना नहीं रह सकता।

अन्हरा बाबा : सुंदर-सुंदर...हाँ, मरम छूनेवाले शब्द हैं तुम्हारे।

[नित्तिलाई खुशी से हँसती है।]

अरवसु : मैंने अभी तक उनसे कहा नहीं है। क्योंकि सम्राट के महायज्ञ का समापन होने ही को है। भैय्या उसके प्रधान होता पुरोहित हैं—अध्वर्यु—इस समय उन्हें किसी भी चिंता में डालना अनुचित होगा।

[नित्तिलाई हामी में सिर हिलाती है]

अन्हरा बाबा : आज दोपहर तुम नित्तिलाई के कुटुंब-कबीलेवालों से, बड़ों से मिलोगे और यह बात परावसु को कोई न कोई बता ही देगा।

अरवसु : मुझे क्या पता था कि इसके पिता ऐसे अचानक पंचायत बुला लेंगे। मुझसे तो पूछा भी नहीं उन्होंने।

नित्तिलाई : हाँ, तो मेरे ही पिताजी का कसूर हुआ न ! आप क्या जानें कि पिताजी ने पंचायत जल्दी-जल्दी क्यों बुलाई ! पिताजी शुरू से ही कहते रहते हैं कि ऊँची जातिवाले मरद को हमारी औरतों के संग सोना तो अच्छा लगता है, किंतु ब्याहने में जाति आ जाती है बीच में।

अरवसु : ठीक है, अब मैं तुमसे ब्याह करूँगा, फिर तो तू मेरे साथ...

नित्तिलाई : (जोर से) चुऽऽप !

[सब जोर से हँसते हैं।]

अन्हरा बाबा : तुम्हारा चचेरा यवक्री बहुत प्रसन्न होगा।

अरवसु : वो हैं यहाँ ?

अन्हरा बाबा : ओ...हाँ, याद आया, उसने कहा था कि वो तुम्हारी ही कुटिया की तरफ जा रहा है।

अरवसु : उसने संदेशा दिया था कि मैं उससे वहीं मिलूँ, लेकिन एक बात—दस बरस हुए उसे मिले। वो पहचानेगा कैसे ?

नित्तिलाई : अच्छा होता, तुम यहीं उससे बतिया लेते और बस, हम

यहीं से निकल जाते अपनी बस्ती को।

अन्हरा बाबा : यवक्री को यहाँ चैन ही नहीं मिलता। मिलनेवालों का ताँता लगा रहता है–सवेरे से संझा तक–बेरोक। पढ़े-लिखे शास्त्री लोग ऋषि-मुनि-पंडित-ज्ञानी उसकी तपस्या की एक-एक बात पूछेंगे। कौन-कौन से मंत्र पढ़े, क्या-क्या जाप किया, क्या-क्या बातें हुईं ईश्वर से, इंद्र देवता ने क्या कहा? आदि-आदि।

अरवसु : **(नित्तिलाई से)** समझे तुम? कोई छोटी बात नहीं है ये। अब इसकी हँसी मत उड़ाना फिर।

अन्हरा बाबा : नित्तिलाई हँसी उड़ा रही थी इसकी? क्या कह रही थी–कहो तो!

[नित्तिलाई अरवसु को घूरती है, जैसे कहना चाह रही हो कि किया न तुमने फिर से वही! अंधक और भी उतावला होता जाता है।]

अन्हरा बाबा : बोलो मेरी बच्ची, क्या हँसी उड़ाई तुमने?

नित्तिलाई : नहीं तो–

अन्हरा : तो फिर?

नित्तिलाई : मैंने इतना ही तो पूछा था–जंगल में दस साल क्यों लगा दिए यवक्री ने?

अन्हरा बाबा : ईश्वर को ढूँढ़ रहा था। भगवान से ही सकल ज्ञान लेना था ब्रह्मज्ञान–। और फिर मनुष्य को देवता ऐसे ही थोड़े मिल जाते हैं! तप करना होता है। उपवास, ध्यान। दस-दस बरस की कठोर तपस्या–

नित्तिलाई : हाँ-हाँ, वो सब जानती तो हूँ।

अन्हरा बाबा : फिर भी इंद्रदेव का मन तरल न हुआ। अंत में यवक्री धधकती ज्वाला के गोले के बीच खड़ा हो गया। एक-एक करके अपने अंग-प्रत्यंग काट-काट चढ़ाने लगा ज्वाला में। पहले उसने अपनी अंगुलियाँ चढ़ा दीं, फिर चढ़ा दीं अपनी आँखें। अपनी आँतें निकाल चढ़ा दीं उसने। जीभ काट समर्पित कर दी और अंत में जब अपना हृदयपिंड निकाल

होम करने को तत्पर था वह, तभी प्रगट हुए इंद्र देवता आतुर और प्रसन्न। अंग-प्रत्यंग फिर से जोड़ दिए उसके और मुँहमाँगा वरदान दिया।

नित्तिलाई : **(सरलता से बिना किसी आक्षेप के)** बाबा! ये सब क्या उसी ने तुमको बतलाया?

अरवसु : मूरख कहीं की! अरे कोई भी महापुरुष अपने विषय में ऐसी बात अपने-आप करता है भला!

नित्तिलाई : फिर सब कोई जानेंगे कैसे कि क्या हुआ? देखनेवाली आँखों से कोसों-कोस दूर घने जंगल में!

अन्हरा बाबा : इस धरती का लगभग हर ब्राह्मण ब्रह्मज्ञान अवश्य प्राप्त करना चाहता है। पर, सफलता किसी-किसी को मिलती है। सुनो, अरवसु, मैंने जीवन भर में अब तक केवल दो जनों को जाना जिन्हें ऐसा ब्रह्मतेज मिला–तुम्हारे चाचा और तुम्हारे पिता। किंतु ज्ञान उन्हें गुरुओं ने ही दिया। मानव देहधारी गुरुओं ने! हाँ, एक यवक्री है जो उनसे भी आगे निकल गया। उसको ज्ञान मिला–साक्षात देवताओं से। तुम्हारे चाचा निश्चिंत थे कि वो असफल होगा। उन्होंने बालक यवक्री को ऐसा व्रत ठानने से रोका भी बहुत। तब मैंने ही उनको समझाया था–'स्वामी, जाने दो उसको जंगल। आप अपने बेटे को नहीं जानते, जितना मैं जानता हूँ। मैंने उसको अपनी गोद खिलाया है। अरे वो जो भी जतन करेगा, उसी में उसको सफलता मिलेगी।' बस, मेरे मुँह से निकल गई सो निकल गई। मेरे स्वामी ने मेरी बात कान धरी होती तो जीवन न गँवाया होता। बड़ा दुखी मन लेकर गए वो संसार से।

[चुप्पी]

मैं प्रतीक्षा करता रहा यहीं का यहीं। दस बरस इस कुटिया की देखभाल करता रहा...पहरा देता रहा। मेरा यवक्री घर लौटेगा–बाट अगोरता रहा। अब वो लौटा है–जीतकर। सारा संसार उसके चरणों पर है।

नित्तिलाई : मुझे कोई इतना बता दे कि ईश्वर संबंधी बातों में ये लोग इतनी गुपचुप क्यों रखते हैं–भेद बनाकर ?

अरवसु : हे भगवान ! लो, ये आ गई न फिर अपने तेवर में–कौन तरक करेगा इससे !

[कुछ दूर टहल जाता है। एक जगह रुककर ध्यानमग्न]

नित्तिलाई : अब देखो, जितने भी होम, यज्ञ, वेदिकाएँ होती हैं–सब-की-सब बंद मंडपों में होती हैं; या वे अपने ही को गहरे जंगलों के अँधेरे में गोड़े होते हैं बरसों बरस। उनके देवता भी प्रगट होते हैं तो इतने चुपके-चुपके क्यों भला ? डरते किनसे हैं वे ? मेरे कुटुम्ब कबीलेवालों को देखो, जो कुछ होता है, सब खुल्लम-खुल्ला–चौड़े में। हमारे पुरोहित पुकारकर सुनाते हैं कि वो फलाने देवता को फलाने दिन, फलाने समय बुलाएंगे और तब सबके सामने हमारे पुरोहित पर देवता छा जाते हैं और हमारे सवालों का जवाब देते हैं। सबको साफ लगता है कि देखो, देवता यूँ आया और यूँ गया। तुम्हें साफ लगता है–ये रहा वो, ये रहा वो। कोई बतकही नहीं।

अन्हरा बाबा : सँभल के बिटिया, सँभल के ! सावधान, इनके पुरोहित जिन देवताओं को बुलाते हैं न, वो तुम्हारे देवताओं से बहुत अलग होते हैं।

नित्तिलाई : मैं इतना ही तो कह रही हूँ कि इंद्रदेवता ने यवक्री को दर्शन दिए। इंद्र पानी का देवता है तो यवक्री इंद्रदेवता से ये कह क्यों नहीं देता कि थोड़ी-सी अच्छी-सी बरखा कर दो–अकाल पड़ा है ? थोड़े मेघ बरसा दो। आप जाकर हमारा गाँव देखो, उसके चारों ओर का हाल देखो। पपड़ियाँ पड़ी हैं। दरक गई है धरती। हर दिन सुबह-सवेरे मेरे बाबा के द्वारे लोग जमा होते हैं मुट्ठी-मुट्ठी भर दाने को, जो मेरा बाबा उन सूखी हथेलियों में डालता है। औरतों की हथेलियाँ, जिनके सीने से भूखे बच्चे चिपके होते हैं–सूखे कंकाल-से बच्चे ! कमान की तरह झुके हुए खोंखियाते बूढ़े-बूढ़ियाँ ! एक भी जवान जैसे बचा ही नहीं

हो ! सब-के-सब नदारद हो गए जाने कहाँ ! बाबा कहता है–इस धरती को चाहिए एक-दो झड़ी पानी मूसलाधार और तब धरती हरियाएगी। देवता से इतना भर माँगना भी बहुत बड़ी बात है क्या ?

अन्हरा बाबा : **(अर्द्ध-सम्मति में)** बड़ों का कहना है कि तप की ऐसी शक्तियों का प्रयोग दैनिक समस्याओं के लिए नहीं करना चाहिए।

नित्तिलाई : फिर ऐसी शक्तियों का फायदा ही क्या !

अन्हरा बाबा : यवक्री से पूछ लेना–मिलोगी तो सही।

नित्तिलाई : वो तो मुझे देखेगा भी नहीं।

अन्हरा बाबा : क्या कहती है ? बहुत भला मानस है वो।

नित्तिलाई : दो ही बातें पूछनी हैं उससे--क्या वो मेघ बरसा सकता है ? दूसरी बात, क्या वो यह जानता है कि वह कब मरेगा ? बस, यही दो बातें। ज्ञानी होने का फायदा ही क्या, यदि मरते बच्चों को न बचा सको या अपनी मृत्यु का समय भी न जान सको !

अरवसु : **(दूर ही से)** बता सकते हो, कौन-सा जानवर है ये ?

नित्तिलाई : ये देखो...इसे कुछ सूझता ही नहीं।

[अपनी आँख मींचकर सुनने का प्रयास करती है।]

नित्तिलाई : अच्छी बात है–तैयार हूँ।

[अरवसु तेजी से आता है। जंगली जानवर का नाट्य करता हुआ।]

अन्हरा बाबा : **(सुनने की कोशिश करता है)** जंगली घोड़ा–हाँ...नहीं ? अच्छा, तो सूअर ? अब समझ गया, निगोड़ा रीछ है–रीछ !

नित्तिलाई : हाँ, बाबा, हाँ, रीछ ही है–रीछ। बिलकुल ठीक, बिलकुल ठीक !

अरवसु : **(जैसे नशे में हो)** जीत गया ! उनका कहना है–अनुकरण नहीं करना चाहिए। बल्कि जो सार-तत्त्व है उसी को पकड़ना चाहिए। केवल सार तत्त्व ! इसका अर्थ हुआ कि मैंने रीछ के रीछपने को वश में कर लिया !

नित्तिलाई : तो इसमें आपका क्या कमाल है! आप तो जनमे ही ऐसे हो।

अरवसु : इसीलिए शिकारी मुझ पर घात लगाए रहता है?

[सब हँसते हैं।]

नित्तिलाई : अब चलना चाहिए।

अन्हरा बाबा : रुको बच्चे! तुझे अपने गाँव पहुँचने की उतावली है–पता है; किंतु यवक्री इससे तब मिलना चाहता है जब सूरज अपनी उठान पर हो।

अरवसु : बिलकुल ठीक। लेकिन पता नहीं क्यों, उसका संदेशा इतना ही था–ठीक-ठीक उसी समय–न पहले, न पीछे। सूरज जब ठीक सिर पर हो।

अन्हरा बाबा : सो उसमें अभी देर है। रुको, बतियाते हैं। तुम्हारी बातें सुनना–मुझको अच्छा-अच्छा लगता है।

अरवसु : बाबा, जानते हो, कठिनाई क्या है? अब इन देवताओं के सार तत्त्व को अपने पैरों की चाल में कैसे उतारूँ! देवताओं के पैर तो धरती को छूते ही नहीं!

[मंच पर अँधेरा हो जाता है। मंच के दूसरे भाग में रोशनी होती है। अरवसु के पिता रैभ्य ऋषि की कुटिया पास ही एक सूखा झरना। कोई छब्बीस-एक बरस की विशाखा एक धातु के कलश में पानी भर रही है। वह रेतीली धार से अंजुलि-अंजुलि भर पानी कलश में एकत्र करती है। लगती है, कभी बहुत ही आकर्षक रही होगी, लेकिन अब चिड़चिड़ी और थकी दीख रही है। चारों ओर सावधानी से ताकती है। उसके पास कोई भी नहीं। कलश उठाकर अपनी कमर पर रखती है और घर की दिशा में चल पड़ती है। रास्ते में यवक्री खड़ा होता है पगडंडी के ठीक बीचोबीच आमने-सामने। वह भी रूक जाती है; लेकिन यवक्री की तरफ देखती नहीं। लम्बा गहरा मौन।]

विशाखा : **(यवक्री की ओर देखे बिना ही)** कृपया...राह छोड़िये।

यवक्री : चलो, एक शब्द तो ध्वनित हुआ! चार दिनों तक तुम्हारी बाट जोहने के बाद।

[यवक्री किनारे हटकर एक शिला पर बैठता है। विशाखा कुछ कदम अपने घर की दिशा में बढ़ने लगती है।]

यवक्री : रुको, विशाखा, रुको! तुम्हारी कुटिया में भी और कोई नहीं है। तुम्हारे ससुर कहीं गए हुए हैं। तुम्हारे देवर के पैरों में भी चक्कर है। टिकता ही नहीं। फिर ये जल्दी क्यों?

विशाखा : मेरे ससुर कल आ जाएँगे तब उनसे कहना, जो भी कहना हो।

यवक्री : ये जो हर दिन खींचकर लाता है मुझे यहाँ...वो उनसे कहने की चाह नहीं बल्कि वो तो मुझे आँख उठाकर भी नहीं देखेंगे।

विशाखा : मैं यहाँ खड़ी पर-पुरुष से बातें नहीं कर सकती।

यवक्री : पर-पुरुष! **(हँसता है)** ये भी अच्छा है।

विशाखा : मैं विवाहिता स्त्री हूँ।

यवक्री : हाँ, तुम हो, जानता हूँ। जब मैं लौटा तो मेरे स्वागत में पहली सूचना यही थी–परावसु से ब्याह कर लिया तुमने, और मैं हिल गया था। मुझे ऐसी आशा न थी। यह भी मेरी मूर्खता थी। दस बरस बहुत लम्बा समय होता है। और दस बरस की चुप्पी तो और भी लम्बी होती है।

[चुप्पी]

यवक्री : दस बरस हुए, मैंने तुम्हें वचन दिया था, मैं किसी और स्त्री की ओर आँख भी नहीं उठाऊँगा। मैंने वचन पूरा किया।

विशाखा : वह सब अब समाप्त हो चुका है।

यवक्री : ये न सोचो कि मुझे उसका दुख है। नहीं, कभी नहीं। लेकिन उससे मुझे इतना अधिकार भी नहीं रहा कि मैं कहूँ

कि उस कलश को नीचे धर दो पल भर, दो पल बात करो मुझसे ?

[विशाखा चलने को होती है।]

यवक्री : विशाखा, दस बरसों का गहरा मौन भोगा है मैंने। दो शब्दों का प्यासा हूँ मैं।

[विशाखा चकित होकर रुक जाती है। उसकी तरफ देखकर]

विशाखा : लोग कहते हैं कि अपनी घोर तपस्या के बदले भगवान इंद्र ने आपको अखंड ज्ञान दिया है। आपसे बराबरी की बात करने का न मुझमें साहस है, न मन।

यवक्री : यह आप-आप कहना बन्द करो। अखण्ड ज्ञान...तुमने दो शब्दों में कह दिया—एक ही साँस में। कितनी सुंदरता से ! हम जंगल जाते हैं, तपस्याएँ करते हैं। हमारे तप का बल देवता को विवश करता है। और तब हमें मिलता है—अखंड ज्ञान !

[चुप्पी]

यवक्री : किन्तु नहीं जानता कितना पाया है।

विशाखा : **(कोमलता से)** क्यों ?

यवक्री : जंगल का जीवन महान नरक है। मक्खियाँ, बड़े-बड़े चींटे, मकोड़े, कीट-पतंगें और जहाँ कहीं जमी हुई जोंकें और चिल्लर रेतीले गड्ढों में, विषैले फणीधर, असह्य ताप कि शरीर को जो याद है वो राक्षस न सही किंतु भिन्नाते मच्छरों के डंक याद हैं।

विशाखा : संभवतः ईश्वर तुम्हारी परीक्षा करता है।

यवक्री : मैं नहीं जानता। मैंने सोचा था कि देवता से साक्षात्कार होना एक बड़ा ही हृदय-विदारक अनुभव होगा, ठोस होगा, वर्णनातीत होगा, बिलकुल सदेह होगा। यद्यपि मुझे लगता रहा कि इंद्रदेव कई बार आए किंतु मैं निश्चित नहीं कह सकता। जब पहली बार प्रगट हुए तो उन्होंने कहा—'नहीं, यवक्री, तुम तपस्या से ज्ञान की सिद्धि नहीं कर सकते, वह

तो अनुभव से आता है। अध्ययन से आता है। ज्ञान समय है, ज्ञान तो आकाश है। तुम्हें इन आयामों में स्वयं चलना ही होगा।' मैंने कहा, 'नहीं, मुझे लेना ही है सर्वज्ञान। तुम इंद्र हो तो मुझे ज्ञान का वर दे दो।' वो हँसे और बोले, 'मूर्खता कर रहे हो तुम।' बस, यही संवाद बार-बार। गहरी बात नहीं है और फिर तब देवता अंतर्धान हो जाते। कोई प्रमाण पीछे नहीं छूटता कि वो आए थे। मैं चारों ओर देखता—वही बूढ़ा काला बिच्छू, पंछियों की बीटों की बौछार मेरे चारों ओर। कहीं किसी नशे की पिनक में तो नहीं देखा मैंने सब कुछ ? सुबह-सवेरे जंगल में जो कुछ खाया, कहीं उसी की मादकता तो नहीं थी या कोई ज्वर था ? मेरे मस्तक की शिराओं को बहकाता। यूँ बीतते गए दिन—एक बरस, फिर दो बरस और फिर देवता प्रगट हुए—'क्यों इतना हठ करते हो ?' बहती धारा पर कहीं रेती से पुल बना करता है ! और मैं फिर भी हठ करता—'मुझको मेरा वर दे दो।' और यूँही चुक जाते कुछ और विवादी संवाद।

विशाखा : अंत में जीत गए न तुम !

यवक्री : हाँ, एक दिन मैंने निर्णय कर लिया कि मैं जीत गया हूँ और मैं वापस आ गया। मुझे कुछ स्पष्ट याद नहीं कि मैं इस निर्णय पर कैसे पहुँचा और क्यों... **(हँसता है)** कुछ ज्ञान ले, बहुत कम संवेदन। मुझे मिला नहीं, कुछ मैंने रच लिया। अब इतना जानता हूँ कि क्या है जो मिल नहीं सकता। यही क्या ज्ञान नहीं है ? नहीं, मुझे कोई शिकायत नहीं, पश्चात्ताप नहीं। मुझे लगता है, मुझे कुछ रहस्यपूर्ण शक्तियाँ मिल गईं जो पहले नहीं थीं। कुछ गुप्त कलाएँ, सिद्धियाँ मिल गईं। कुछ मंत्र सिद्ध हो गए जो मेरी अँगुलियों पर नाचते। तुम स्वयं देख लोगी। सब कुछ जल्दी ही।

विशाखा : मैं ! कब ? अच्छा समझी।

यवक्री : सबसे विचित्र बात तो यह हुई कि दस साल के उन सारी दैहिक यंत्रणाओं के बाद भी मेरे अंतस में बहुत कुछ ज्यों का त्यों शेष बचा रहा। अब जो कुछ मैं तुमसे कहूँगा, तुम्हें उसमें अपमान लगे तो तुम चली जाना, फिर नहीं मिलूँगा तुमसे। ये मेरे अंतिम शब्द होंगे जो मैंने तुमसे कहे होंगे।

[लम्बी चुप्पी]

ज्योंही मैंने निर्णय किया कि मेरी तपस्या पूरी हो गई, मैं अचेत होकर गिर पड़ा–शव के जैसा। उस अवस्था में कितना समय बीता, याद नहीं। भयानक थकान थी वह। जब मैंने आँख खोली–चेतना आई, तो सबसे पहले जानती हो क्या याद आया ? दस बरस पहले जब मैं तुमसे विदा कहने आया था और तुम जो मुझे अपने घर के पिछवाड़े हरियाली झाड़ी में ले गई थीं–जब तुमने अपने चोली की गाँठें खोल दी थीं। मेरा मस्तक तुमने छुपा लिया था अपने वक्षों में और फिर पलटकर भाग गई थी तू और मैं वहीं रह गया था स्तब्ध–अवाक्। पेड़ों में कटहल फूट आए थे। कई उनमें से पक गए थे। उनकी सुनहरी आभा चमककर फूटी पड़ रही थी। हर ओर मादक गंध–दूर एक भँवरा कर रहा था–गुंजार। वह गंध, उसमें तुम्हारी देह की गंध। दस वर्षों बाद जब मैंने आँखें खोलीं, मैंने पाया, ये आँखें उस क्षण की प्यासी थीं।

विशाखा : विश्वास नहीं होता। सारा संसार तुम्हारी स्तुति गा रहा है लेकिन तुम तो बड़े ही नहीं हुए। तुम्हारी किशोर कल्पना, तुम्हारे बाल-स्वप्न में कुछ भी अंतर न पड़ा यवक्री ! वो सब कुछ बीत चुका है। तुम्हारे इंद्र देवता अमर होंगे, पर मैं नहीं। मेरे स्तन ढल चुके हैं। **(हँसती है)** पिछले चार दिनों से मैं तुमसे डरती रही। वहीं खड़े दीखते तुम। अब मुझे तुम पर तरस आता है।

यवक्री : मैंने कहा न तुमसे–तुम्हें बुरा लगे तो घर चली जाना। तुम नहीं गई। तो तुम रुक सकती हो मेरे लिए ?

विशाखा : जिस पल मैंने सुना, तुम शब्दों के प्यासे हो, मैं जान गई थी कि अब बहुत देर हो चुकी है जाने को। निर्णय का पल बीत चुका था, क्योंकि उस प्यास को मैं भी ख़ूब जानती हूँ यवक्री!

यवक्री : नहीं, विशाखा, जाओ नहीं।

विशाखा : कहाँ गई मैं! यहीं हूँ अब तक। तुम मूर्ख हो यवक्री, और बातें भी मूर्खों जैसी करते हो।

[यवक्री उसके निकट जाता है। एक चुप्पी। फिर एकाएक वह उसे आलिंगन में ले लेता है। विशाखा उसे परे हटा देती है और कलश को धरती पर रख देती है।]

यवक्री : तो तुम मुझे मारना चाहती हो? ठीक है, मारो।

विशाखा : मुझे तुम्हारी चिंता थोड़े ही है। इस पानी की चिंता है–स्वर्णकणों की तरह बटोरा है मैंने। तुम शब्दों के प्यासे हो, सो मैं भी हूँ। आओ, बात करें। बैठो न!

यवक्री : तुम और इंद्र! हाँ, यही तो। दो अभिमानी देवता मेरे जीवन के। तुम दोनों के ही कारण मैं ब्रह्मचारी रहा हूँ अब तक। इस धरती पर मेरी ऊर्जा की एक बूँद भी नहीं गिरी अब तक। अब जो मैं तुम्हारे पास बैठा हूँ, तो इंद्र से भी छल करने को मन करता है। मैं अब भी अज्ञानी हूँ कुछ नहीं जानता।

विशाखा : सुना है, इंद्र के हज़ार आँखें होती हैं! तुम उससे पूछो वो सारी आँखें खोल लेगा।

[यवक्री उसे चूम लेता है।]

विशाखा : बस, चले जाओ यहाँ से। उत्तेजित मत होओ। संयम ही अच्छा नियम है। विशेष कर तब, जब तुम्हारे लिए यह पहली बार हो।

यवक्री : बस, अब बोलो नहीं।

विशाखा : अब क्यों कहते हो, बोलो नहीं? तुमने मेरी बोलने की आवश्यकता को दहका दिया है। मुझे लगा था, वह मर

चुका–समाप्त हो चुका है। मैं दूँगी तुमको, जो भी तुम चाहो। ले लो, लेकिन पहले मुझसे बात करो। किसी को मूर्ख कहने में कितना रस आता है! किसी को समेटकर अपने में छुपाने की कितनी गहरी इच्छा होती है! मैं इस कुटिया में रहती हूँ–पिशाचिनी-सी। अकेली। शब्दहीन कटी पताका-सी फहराती हूँ। शब्द जल-कण से हैं अमूल्य। मैं नहाने से डरती थी, अब डूब जाना चाहती हूँ। मेरी बात सुनो–तुम चले गए और मुझे ब्याह दिया गया...

यवक्री : तुम्हारे पिता ने सोचा होगा, चलो छुट्टी हुई, चला गया। परावसु मुझसे अच्छा वर था। मैं केवल निर्धन चचेरा था।

विशाखा : हाँ, पिता बहुत प्रसन्न हुए थे। मैं नहीं चाहती थी लेकिन मेरी कौन सुनता! विवाह की रात मेरे पति ने मुझसे कहा–मैं जानता हूँ, तुम मुझसे विवाह नहीं करना चाहती थीं। चिंता मत करो, मैं तुम्हें सुखी रखूँगा। उसने ऐसा किया भी। वर्षभर मुझे इतना सुख दिया जो मैं सोच भी नहीं सकती थी–कहीं ऐसा होता है स्वर्ग यदि! वह सब यहाँ था, इसी धरती पर। मेरी सारी इंद्रियाँ परिपूर्ण थीं। और फिर विवाह के दूसरे वर्ष के पहले ही दिन उसने कहा–'बहुत हो चुका अब। हमें अपनी खोज आरम्भ करनी होगी।' और फिर ऐसा तो नहीं था कि मैं सुखी नहीं थी, लेकिन सुख और प्रसन्नता की बातें पीछे छूटने लगीं। मेरे और उसके शरीर का अर्थ बदल गया–वे साधन बन गए। वह मेरे शरीर को अपना समझकर प्रयोग करने लगा। उसके संधानतंत्र का यंत्र हो गई मेरी काया। काहे का संधान, किसलिए, मैं न जान सकी। इतना ही जाना कि वह जानता था। जिधर चलाता मैं चलती। कुछ भी लज्जाजनक नहीं था। कोई मर्यादा न थी। कुछ भी पीड़ाजनक न रहा। लज्जा मर गई थी मेरी। सुनो, तुम तो अब भी कटहल की सुगंध में बसे हो, किंतु मैंने कटहल की कोशिकाओं का एक-एक कर सड़ना भोगा है। उस सड़ाँध और अध्यात्म

के संबंध का मुझे बोध हुआ। मैंने अपनी काया को भीतर से बाहर पलट जाने दिया और भुगत लिया। ज़ो वह चाहता, करता। केवल इतना भान होता कि वह किसी ओर ले जा रहा है। रहस्य जैसा लगता। आत्माओं का खेल तंत्र हो जैसे! हममें कोई अध्यात्म-चर्चा न होती। वायु में मात्र चेतना-भर थी। एक दिन उसे सम्राट का निमंत्रण मिला–महाअग्नि सत्र का अध्वर्यु बनने का और चला गया। यज्ञ-मंडप यहाँ से एक ही प्रहर की दूरी पर है। सात वर्ष बीत गए, वह नहीं आया घर एक बार भी। और मैं सूखकर लकड़ी हो गई। एक साँस भर फूँको कि धाँय-धाँय जलने को तैयार बैठी हूँ। तनिक-सा अवसर मिले तो मेरे चारों ओर का सब कुछ जल उठेगा लपट की तरह–हुताशन-सा।

यवक्री : **(दृष्टि उठाकर देखता है)** सूरज सिर पर आने ही को है।

विशाखा : मेरा पति और तुम–उसने मेरी देह का एक भी रंध्र अछूता नहीं छोड़ा और तुमने भी यही समझा कि स्त्री अर्द्ध-विकसित वक्षों का एक जोड़ा भर है।

यवक्री : बस भी करो।

विशाखा : मैं तुम्हें वह ज्ञान दूँगी जो इंद्र भी नहीं दे सके तुमको! लो, मेरी काया, अब वह वाणी के द्वारा मुक्त हुई।

[वे दोनों नदी किनारे चम्पक के सूखे वृक्ष के पीछे जाते हैं। लम्बा अंतराल।]

[नित्तिलाई और अरवसु का प्रवेश।]

नित्तिलाई : अब तो वो यहीं रहेगा। नहीं क्या? कल मिल लेना तुम उससे। एक दिन में कौन-सा बड़ा पहाड़ टूट जाएगा! जो कहीं हमें अबेर हो गई तो अपने बड़के बहुत गुस्सा होंगे हमसे और फिर...

अरवसु : बस, आध घड़ी-भर में क्या जाता है! नित्तिलाई, मान

जाओ न ! देखो, हम चचेरों में बहुत तनातनी रही है। बस, घृणा का व्यापार। अब उसने बढ़कर मुझे बुलाया है मिलने को तो उत्तर में मुझे भी जाना चाहिए कि नहीं ? बस मैं भैय्या को मिलकर उनके चरण छूऊँगा, आशीर्वाद लूँगा और उसके बाद चले चलेंगे–बस !

नित्तिलाई : चलो, ठीक है। पर यहाँ कोई है भी आस-पास कहीं ? अब यहाँ बैठकर बाट न जोहावे हमसे। कुबेर होगी।

[झरने की तरफ जाती है। रुकती है। अरवसु को इशारे से बुलाती है। वह उसके पास जाता है। वह नदी के सूखे पाट की तरफ संकेत करती है। यह विशाखा का कलश है।]

अरवसु : **(धीमे स्वर में)** ये तो अपना पानी का कलश है ! ये यहाँ कैसे ? भाभी वापस ले जाना तो नहीं भूल गईं ?

नित्तिलाई : पानी से भरा कलश भी कोई छोड़ता है ऐसे !

अरवसु : यह भी ठीक है। **(डरकर)** सुना, इन दिनों कोई बाघ-बघेरा छूट आया है। इधर कहीं पानी पीने वो भी घाट पर आया हो और...

नित्तिलाई : **(नदी के पाट की धरती को जाँचती है)** नहीं-नहीं, ये... उछलते हुए हिरणों के चिह्न हैं। वहाँ...भेड़िये भी...। लंगूरे भी। बाघ-बघेरे जैसे बड़े पंजों के कोई चिह्न नहीं हैं। पिछले दो-तीन दिनों में तो ऐसा कुछ नहीं आया।

अरवसु : **(एक लाठी-सी उठाते हुए)** मैं थोड़ा भीतर जाकर देखूँ ?

नित्तिलाई : **(मुस्कराकर)** उस लाठी अम्मा का क्या होगा ? अब रहने दो। सब कुछ यहीं है। वो देखते हो–तुम्हारी भाभी के पदचिह्न सीधे धूलि से होकर जंगल में गए हैं और पानी का कलश उनसे छूटा नहीं बल्कि उन्होंने ठिकाने से धर दिया है जिससे पानी छलके नहीं। उसके बाद...

[वह बिल्कुल ठिठक जाती है। धरती की तरफ घूरकर देखती है। विशाखा और यवक्री जिस दिशा में गए हैं, ताकती है।]

निति्तलाई : तुम्हारे भैया वापस आ गए?

अरवसु : परावसु? अरे नहीं तो। वो यज्ञ छोड़कर कैसे आएँगे?

नित्तिलाई : (उठ खड़ी होती है) चलो अरवसु, यहाँ से चलें।

अरवसु : कहाँ?

नित्तिलाई : चलो न! कहती हूँ, चलो।

अरवसु : और भाभी को यहीं छोड़ दें—भाग्य भरोसे?

नित्तिलाई : मेरी बात सुनो, कुछ नहीं होने का उसको।

अरवसु : नहीं, ऐसे कैसे छोड़ सकता हूँ उन्हें! लो, अभी आया मैं। तनिक बिलमो...

[अरवसु जंगल की झाड़ियों की ओर जाता है—चंपक के पीछे। वहाँ अचानक हड़बड़ाहट के स्वर होते हैं। अरवसु घबराहट में बाहर आता है। पीछे-पीछे विशाखा। उसके कपड़े फटे हुए हैं। उसकी पीठ पर मिट्टी लगी है। वो कुटिया की ओर भागने लगती है। नित्तिलाई की ओर देखे बिना ही। अरवसु घूरता रहता है, बिना कुछ समझे। फिर वह पानी के कलश को देखता है और अपने कंधे पर उठा लेता है।]

अरवसु : इस कलश को मैं छोड़कर आता हूँ।

[नित्तिलाई हामी में सिर हिलाती है। इसी क्षण यवक्री झाड़ियों से बाहर आता है। वह एक छोटा धातु का पात्र कमंडलु उठाता है जिसे उसने एक पेड़ के पीछे छुपा दिया था। यवक्री इन दोनों को देखता है। शांत भाव से अरवसु की ओर बढ़ता है। उसके कंधे पर रखे पात्र से पानी लेने के लिए कमंडलु बढ़ाता है। अरवसु उसे विवश देखता रहता है।]

नित्तिलाई : (गुस्से से) कोई न कोई ऐसी भी होती है कि नागिन भी शरमा जाए।

यवक्री : (नित्तिलाई की तरफ पलटकर) तुम्हीं वो छोकरी हो न...जो मेरे बूढ़े सेवक से पूछ रही थी कि—क्या मैं अपनी मृत्यु का क्षण जानता हूँ?

नित्तिलाई : (**चकित**) आप कैसे जानते हैं ?

यवक्री : (**उसका प्रश्न टालते हुए**) मैं यह नहीं जानता कि मैं कब मरूँगा। हाँ, इतना जानता हूँ, तुम मरोगी महीने भर में।

[नित्तिलाई सिकुड़ जाती है। स्तब्ध है।]

नित्तिलाई : मैं घर जा रही हूँ।

अरवसु : नित्तिलाई, रुको, रुको तो ! मैं आ रहा हूँ तुम्हारे साथ।

[नित्तिलाई चली जाती है। अरवसु कंधे पर कलश लिए खड़ा रह जाता है। चल नहीं पाता।]

यवक्री : (**शांत भाव से**) अरवसु, काली चट्टान के पास वाले वटवृक्ष के नीचे मिलूँगा मैं।

[यवक्री जाता है। अरवसु भ्रमित-सा अपने पिता की कुटिया की ओर चल पड़ता है। विशाखा अरवसु के आगे-आगे जा चुकी है। जैसे ही विशाखा कुटिया में प्रवेश करने को है, उसका ससुर रैभ्य दरवाजे से बाहर निकलता है। दुबला-पतला सूखा हुआ किंतु स्फूर्तिवान शरीर। विशाखा उसे देखकर घबड़ा जाती है। वह क्रोध से उसे घूरता है।]

रैभ्य : कहाँ गई थीं इतने काल के लिए ?

विशाखा : मैं...मैं...गई थी जल लाने।

[उसके पास कलश नहीं है।]

रैभ्य : सत्य वचन ?

[तब तक अरवसु जलपात्र लिए प्रवेश करता है।]

अरवसु : मैं नहीं जानता था पिता कि आप आज ही घर लौटेंगे।

रैभ्य : मैं भी नहीं जानता था। संभवतः मुझे तुम दोनों को ऐसे और अचानक अवसर देना चाहिए नहीं ?

[अरवसु रैभ्य को देखकर घबरा गया है। एक कोने में जलपात्र रखकर पीछे हटता है।]

रैभ्य : रुको ! (**विशाखा से**) जल लेने तुम गई थीं और जलपात्र लेकर लौट रहा है तुम्हारा देवर। विचित्र बात ! हो क्या रहा है यहाँ ? और तुम इतनी कुचैली क्यों हो रही ?

कीचड़ में सनी भैंस जैसी विकृत लग रही हो।

विशाखा : अचानक चक्कर आ गया था, सो गिर पड़ी।

रैभ्य : **(अरवसु की ओर देखते हुए)** और तभी तू पहुँच गया–ठीक वहीं। ठीक उसी क्षण तुम्हारी सहायता करने। कितना सुंदर संयोग है और इसी सबमें इतना समय लग गया, क्यों? कर क्या रहे थे तुम लोग?

अरवसु : **(जल्दी से)** नित्तिलाई भी तो थी वहीं।

रैभ्य : कौन?

अरवसु : नित्तिलाई...वो निषादों की बेटी।

रैभ्य : वो जंगली? और कौन था वहाँ?

[प्रश्न की अचानकता से घबराया अरवसु विशाखा की ओर देखता है।]

अरवसु : और कोई भी तो नहीं।

रैभ्य : नित्तिलाई का नाम कहने में तुम्हें देर नहीं लगी। आगे उत्तर देने में उसकी ओर ताक रहे हो। इसका अर्थ है, कोई और भी था वहाँ। था या नहीं? कौन था?

अरवसु : **(झूठ बोलने में कठिनाई हो रही है)** कोई भी नहीं पिता! नित्तिलाई और मैं गए थे वहाँ।

रैभ्य : ये वहाँ अकेली थी या और भी कोई था इसके साथ?

अरवसु : नहीं, और कोई नहीं था। इन्हें चक्कर आ गया सो ये गिर पड़ीं। सो मैं...इनकी सहायता कर दी, बस! अब मैं जाता हूँ।

रैभ्य : यहाँ से भागना चाहते हो–है न? ठीक है, जाओ, लेकिन ये कहाँ जाएगी? **(विशाखा से)** बताओ, कौन था वहाँ? बताती हो या नहीं?

[रैभ्य विशाखा के केश पकड़कर उसे घसीटकर पीटने लगता है। अरवसु ये सहन नहीं कर पाता। वह विशाखा की सहायता के लिए बढ़ता है और रैभ्य को पकड़कर रोकता है।]

अरवसु : छोड़िए भी पिता! ये क्या? छोड़िए भी! आप जाइए

भाभी, कृपा कर जाइए और मानिए।

रैभ्य : कहाँ जा सकती है ? वो मैं सत्य जानना चाहता हूँ। आवश्यक हुआ तो मैं इसका वध कर डालूँगा...

[अरवसु के बंधन से छूटने की कोशिश करता है।]

विशाखा : उन्हें जाने दो अरवसु ! **(स्थिर स्वर में)** हाँ, वहाँ कोई और भी था—यवक्री। मुझसे मिलने आया था। एकांत में।

[लम्बी चुप्पी। दोनों एक-दूसरे को ताकते रहते हैं।]

रैभ्य : छिनाल...घिनौनी वेश्या ! मैं अभी तुम्हें क्षार-क्षार कर दूँ। मुट्ठी भर धूल बना दूँ तेरी मैं। मेरा शाप बहुत है तुझको। लेकिन तुझसे तेरा पति ही निपटेगा। अपनी विष्ठा वह स्वयं ही स्वच्छ करेगा। और यवक्री ! वो रेंगियाता कीट। वह जानता था, क्या कर रहा है वह ? तो ठीक है...सुन ले यवक्री, अब तेरे-मेरे बीच ठनी है। वह जलपात्र कहाँ है ? ला इधर।

[रैभ्य समाधि-मुद्रा में पालथी मारकर बैठता है। विशाखा और अरवसु आतंकित होकर उसे देख रहे हैं और चकित भी हैं। रैभ्य आँखें खोलता है। वह अचानक शांत हो गया है। उसके चेहरे पर क्रोध का कोई भी चिह्न नहीं बचा है।]

रैभ्य : विशाखा...अपने प्रेमी से जाकर कहो, मुझे उसकी चुनौती स्वीकार है। मैं कृत्या का आह्वान करूँगा और एक ब्रह्मराक्षस को उसके पीछे-पीछे भेजूँगा। अब उस राक्षस से वो अपनी रक्षा करे। यदि वो अपने पिता की कुटिया में जाकर छिप जाए तो बचेगा। मैं अपने भाई से स्नेह करता था, अतः उसकी कुटिया में रक्तपात नहीं होगा। यवक्री वहीं एक श्वान की तरह शरण ले तो शरण होगी। वहाँ से चरण बाहर रखा तो मरण होगा। ये भी बता देना—एक दिवारात्रि का चक्र पूरा होने तक यदि वह अपने प्राण बचा सका तो इसे मैं अपनी हार समझूँगा और स्वयं

भी चिता की अग्नि में प्रवेश कर जाऊँगा।

[रैभ्य फिर से समाधि में लीन हो जाता है।]

विशाखा : (सहसा जागती हुई) अरवसु, हमें यवक्री को चेताना होगा–अभी, तुरत। अपने चाचा की कुटिया पर शीघ्र जाओ।

अरवसु : किंतु यवक्री ने तो कहा था कि वो काली चट्टान के पास वाले वटवृक्ष के नीचे होंगे!

विशाखा : मैं वहाँ दौड़कर जाती हूँ–पास ही है। तुम कुटिया को दौड़ो। यदि वे वहाँ हुए...

अरवसु : किंतु...

विशाखा : भागो! कृपया भागो तुरत! मैंने अब तक तुमसे कुछ भी नहीं माँगा। बस, इतना उपकार करो मुझ पर! बस, इस एक बार! जाओ...दौड़ो!

[दोनों विपरीत दिशाओं में भागते हैं। रैभ्य की आँखें खुलती हैं। वह अपने सिर से एक बाल खींचकर निकालता है और सामने धरती पर डाल देता है। एक पतला-दुबला राक्षस प्रगट होता है, लगभग अधनंगा। उसके हाथ में मुद्गर है। रैभ्य के संकेत पर वह यवक्री की दिशा में दौड़ पड़ता है। मंच का प्रकाश धीरे-धीरे लुप्त होता है।]

[दृश्य परिवर्तन होता है। अंधक यवक्री की कुटिया के द्वार पर बैठा है। वो कान लगाकर कुछ सुन रहा है।]

अन्हरा बाबा : आ...अरवसु है, न?

[अरवसु का प्रवेश]

अन्हरा बाबा : अरे पंचायत को नहीं गए तुम?

अरवसु : हाँ-हाँ, मैं जा ही तो रहा हूँ। यवक्री तो नहीं आए यहाँ?

अन्हरा बाबा : नहीं। जब से तुम और नित्तिलाई गए, तब से तो नहीं।

अरवसु : यदि कहीं वो आ जाएँ तो कहना, कुटिया के भीतर ही रहें। बाहर पैर न धरें। बाहर झाँकने तक मत देना। उनका जीवन संकट में है।

अन्हरा बाबा : क्या कहते हो ? कैसे ?

अरवसु : आप भी यहाँ से हिलना नहीं। रुकना उनके लिए। उनको चेतावनी देना आवश्यक है।

अन्हरा बाबा : हाँ, मैं रुकूँगा यहीं। किंतु बात...

अरवसु : उतना बता देना मैं जा रहा हूँ। नित्तिलाई मेरी बाट जोह रही होगी।

अन्हरा बाबा : सुनो मेरे बच्चे...

[अरवसु भागता है। अंधक बैठ जाता है। कान चौकन्ने।]

[दूसरी तरफ विशाखा हाँफती हुई पहुँचती है–वटवृक्ष के नीचे, काली चट्टान के पास। यवक्री पालथी मारे कुछ मंत्र जाप कर रहा है। उसके सामने उसका कमंडलु रखा है। विशाखा जब दौड़ती हुई पहुँचती है, यवक्री को देखकर चैन की साँस लेती है। यवक्री उसे देखता है। प्रसन्न-मुद्रा में सिर हिलाता है और फिर से समाधि में लीन हो जाता है।]

विशाखा : यवक्री, यहाँ मत रुको ! अपने पिता की कुटिया में चले जाओ–अभी, तत्काल ! विलम्ब न करो !

[कोई उत्तर नहीं।]

विशाखा : मेरे ससुर सब जान गए हैं। तुम्हें नष्ट करने की शपथ ली है। यवक्री, उन्होंने मंत्र से कृत्या का आह्वान किया है।

यवक्री : अच्छा किया है। मैं भी प्रसन्न हुआ। कृत्या का आह्वान करने का अर्थ है–अपनी सम्पूर्ण शक्ति का प्रयोग। यदि असफल हुए उसमें तो आह्वान करनेवाले की मृत्यु भी निश्चित है। उन्होंने मेरे वध के लिए इस मार्ग को चुना।

मैं इससे सम्मानित हुआ।

विशाखा : यवक्री, अपनी कुटिया में चले जाओ! ससुर ने कहा है कि तुम... वहीं सुरक्षित हो...शीघ्र...

यवक्री : डरो नहीं, विशाखा! मैं जानता था, ऐसा ही कुछ होगा। यह जल देखती हो...मैंने इसको मंत्र-सिद्ध कर दिया है!

[यवक्री कमंडलु के जल की ओर संकेत करता है।]

यवक्री : इस जल की एक बूँद मात्र से राक्षस बँध जाएगा। शक्तिहीन! उनकी सारी धमकी खंड-खंड हो जाएगी। तुम्हें इतना घबराना नहीं था। मैं जानता था यह होगा। अब तुम यहाँ आ ही गई हो, तो स्वयं ही सब देख लो।

विशाखा : लेकिन ये सब किसलिए? केवल इतना करना है कि अपने पिता की कुटिया में चले जाओ। राक्षस तुम्हें वहाँ छू भी न सकेगा। तुम एक दिन वहाँ सुरक्षित हो जाओ, फिर मैं प्रसन्न होकर उस बुड्ढे का चिता-प्रवेश देखूँगी।

यवक्री : ओह, विशाखा, तुम्हें स्मरण है? तुम मुझे सांत्वना दिया करती थीं। हम युवा थे। मैं अपने पिता के अपमान पर रोया था। इस क्षेत्र में वे सबसे बड़े ज्ञानी थे...विद्वान थे वे। सम्भवत: सबसे मेधावी; किंतु उनकी सबने उपेक्षा की और उन्हीं के इस बेईमान भाई रैभ्य ने सारे सम्मान बटोर लिए और मेरे पिता भिखारी की तरह फिरते रहे।

विशाखा : यवक्री, अभी इसका समय नहीं है। ये सारे पुराने झगड़े और क्षोभ...

यवक्री : क्षोभ? तुम इसे घृणा कहतीं तो मैं प्रसन्न होता। और यह पुराना कैसे हो सकता है? कभी नहीं...हाँ, एक बात है, मैं तुम्हारे सम्पूर्ण परिवार से घृणा करता हूँ। महाअग्नि सत्र के मुख्य पुरोहित होने का अधिकार मेरे पिता का था, वो भी परावसु को मिल गया–तुम्हारे पति को। मैं अपनी तपस्या के बीच भी रोया था यह सुनकर।

विशाखा : ये सारी बातें अभी करनी हैं? जो बीत गया सो चला गया।

यवक्री : जो बीत गया वो गया नहीं। वो यहाँ है मेरे भीतर। मेरे पिता ने सब अपमान सहे। सबने उनको कीचड़ में लतेड़ा। समय आ गया है संसार को दिखा देने का कि मेरे पिता का यह पुत्र क्या कर सकता है। यह क्षण मेरा है।

विशाखा : मैं विश्वास नहीं करती...कर ही नहीं सकती। सभी की जीभ पर बस अब तुम्हारा नाम है। सभी आदर से तुम्हारा नाम लेते हैं। अब यह प्रमाणित करने के लिए कुछ भी करने की क्या आवश्यकता है ?

यवक्री : औरों से कोई अंतर नहीं होता। वे तो केवल साक्षी हैं। **(बाहर देखता है)** और वह राक्षस कहाँ है ? विलम्ब क्यों हो रहा है उसको आने में ? **(विशाखा से)** जंगल में एक रात स्वयं इंद्र आए मेरे पास। उन्होंने मुझसे कहा–'अब तुम ज्ञान की प्राप्ति के लिए योग्य हो गए हो। ज्ञान के लिए कामनाओं का निग्रह करना होता है; क्रोध, मोह, मत्सर का दमन करना आवश्यक है।' मैं चिल्लाया था–'नहीं, मुझे वैसा ज्ञान नहीं चाहिए। वह ज्ञान नहीं, वह आत्मघात है। ये जो मेरी ग्रंथि है, यह जो मेरी घृणा है, यह जो विष है मुझमें–यही सब तो मैं हूँ। मुझमें जो भी कुछ मेरा है, उसमें से कुछ भी तो अस्वीकार नहीं करूँगा मैं। मुझे चाहिए सारा ज्ञान और विज्ञान कि जो मेरी सारी भयानकता, दुष्टता के साथ मुझे स्वीकार कर सके।'

विशाखा : यदि तुम्हें कुछ भी हो जाए तो मैं अपने को क्षमा नहीं कर सकूँगी। घर चले जाओ ! जाओ ! कृपा करो !

यवक्री : **(अविचलित)** तुम कुछ समझतीं नहीं क्या ? तुम चाहती हो कि मैं भाग जाऊँ चुनौती से ?

विशाखा : चुनौती ?

यवक्री : तुम समझती हो, यह सब कुछ अचानक हुआ है ? संयोगवश ? तुम समझती हो, मैं संयोग के लिए छोड़ दूँगा कुछ भी ? तुम समझती हो कि अरवसु नदी के किनारे उन्हीं पलों में अचानक ही आ गया था–अपने आप ? और

तुम्हारे ससुर को वापस कौन ले आया था अचानक ?

विशाखा : **(सहमकर)** बस, यवक्री, बस ! और कुछ मत कहो। मुझे नहीं जानना कुछ भी और। मेरा ही पाप है। मैं समर्पित न करती अपने को। मैं...

यवक्री : सौभाग्य की बात है कि तुमने समर्पण कर दिया। न करती तो बलात्कार करता मैं।

[विशाखा आतंकित होकर उसकी ओर देखती है। यवक्री की बातचीत जारी है।]

यह वही क्षण है जिसकी ओर मेरा सारा जीवन दौड़ रहा था। कुछ भी छूटने नहीं दूँगा मैं। तुम्हारे ससुर का मरण होगा विशाखा ! फिर देखूँगा, तेरा पति क्या करता है ! वह अध्वर्यु अपनी अनुष्ठानों की दुनिया में कब तक छिपता रहेगा–या वह भी निकलेगा वहाँ से मुझसे भिड़ने और यूँ पाप करेगा। देख, विशाखा, देख–मैं स्वेद कणों में काँप रहा हूँ कैसे थर-थर ! क्योंकि अब सब कुछ वैसा ही होगा जैसा चाहूँगा मैं।

विशाखा : **(उसकी साँसें तेज हैं)** हे भगवान...यवक्री...यवक्री....

यवक्री : समझने का यत्न करो विशाखा ! उन सबने मुझसे मुँह मोड़ लिया होता घृणा से। यदि मैं उन्हें अवसर देता तो वैसा ही मेरे साथ भी होता, जैसा उन्होंने मेरे पिता के साथ किया। एक ही मार्ग था उन्हें विवश करने का कि वे मेरे सम्मुख आवें। फिर मैं परावसु को उसके अंडकोष से पकड़ूँ और मरोड़ दूँ ऐसे कि साँस तक न निकले उसकी।

[विशाखा निढाल-सी उसकी ओर ताकती रहती है]

यवक्री : मैं तुमसे प्रेम करता हूँ विशाखा ! पूरे जीवन में मैंने किसी और स्त्री को आँख उठाकर नहीं देखा। पर तुम्हारा विवाह परावसु से हो गया, यह तो मेरा पाप नहीं।

विशाखा : **(धीमे से)** आज सवेरे मैं कितनी प्रसन्न थी ! तुम भी कितने अच्छे थे, कितने ऊष्ण ! मैं समेट लेना चाहती थी सब कुछ। जो भी होता, दे देती तुमको। मैंने अपना वक्ष खोल

दिया तुमको। स्त्री नहीं, माता थी मैं तब। तुमको...

[यवक्री विक्षिप्त-सा चहलकदमी करता है। रैभ्य की कुटिया की ओर उत्सुकता से देखता रहता है। तभी धीमे से विशाखा कमंडलु की तरफ जाती है और उसे उठा लेती है]

यवक्री ? जीवन में कपिचेष्टा की कोई सीमा होती है या नहीं ? यूँ ही लगता है कि हम ठोस धरातल पर पहुँच गए हैं। कि तभी ठीक...पैरों के नीचे की धरती फट जाती है।

यवक्री : वो कहाँ गया ? वो छायानट राक्षस ?

[विशाखा कमंडलु का जल नीचे गिराने लगती है। यवक्री उसे देखता है ऐसा करते। समझ नहीं पाता कि क्या कर रही है। एकाएक चीखता है :]

यवक्री : हे भगवान ! क्या कर रही हो तुम विशाखा ? वो मंत्रोदक है ! मंत्रोदक। कर क्या रही हो ?

[यवक्री उसके हाथ से कमंडलु छीन लेता है। कमंडलु खाली हो चुका है। वह कमंडलु को धरती पर पटकने लगता है।]

जल...जल...कृपा करो ! केवल एक बूँद जल ! केवल एक बूँद जल ! राक्षसी कहीं की तू ! मैंने तेरा विश्वास किया। ओ...केवल एक बूँद जल... !

[एकाएक भयानक ध्वनियाँ दूर से सुनाई देती हैं। विचित्र-सा शोर। संगीत किसी राक्षसी घटना का। विशाखा डर जाती है।]

विशाखा : भागो, यवक्री भागो ! अपने पिता की कुटिया को भागो !

यवक्री : एक बूँद, केवल एक बूँद...

विशाखा : **(उसे धकेलती हुई)** जाओ, भागो !

यवक्री : मैं भागने नहीं आया यहाँ। मैंने इंद्र पर विजय पाई है जो देवताओं का भी स्वामी है। तुम होती कौन हो मुझे कुछ भी कहने वाली ?

विशाखा : भागो...!

[अचानक यवक्री भागने लगता है।]

विशाखा : रुकना नहीं, जब तक अपने पिता की कुटिया में न पहुँचो!

[यवक्री भागता है। विशाखा उसकी ओर देखती रहती है। फिर चैन की साँस लेती है। तभी राक्षस का प्रवेश जो उसके पीछे खड़ा था। राक्षस को देखकर वह अचेत हो जाती है। राक्षस यवक्री के पीछे भागता है। यवक्री बीच-बीच में रुकता है, जमीन में से पानी खोदने के लिए। फिर भागता है। वह कुटिया तक पहुँचता है जहाँ अंधक अब भी पहरा दे रहा है। यवक्री भागता हुआ ज्योंही कुटिया में प्रवेश करने को होता है तभी अंधक उछलकर उसे पकड़ लेता है। उसे हिलने तक नहीं देता।]

अन्हरा बाबा : कौन हो तुम? कौन हो तुम?

यवक्री : छोड़ दो मुझे...जाने दो...मुझे जाने दो!

[तभी राक्षस पहुँच जाता है और यवक्री को फाड़ डालता है। यवक्री अंधक की बाँहों में ढेर हो जाता है। राक्षस अपना मुद्गर यवक्री की देह से खींच निकालता है और चला जाता है।]

अन्हरा बाबा : कौन, यवक्री? यवक्री, मेरे बच्चे!

[यवक्री के शव को धरती पर रखता है। जोर-जोर से उसके शरीर को हिलाता है—उसे जगाने के लिए। अरवसु दौड़ता हुआ आता है। यह दृश्य देखकर भयभीत खड़ा हो जाता है।]

अन्हरा बाबा : यवक्री, मेरे बच्चे! ये क्या हो गया! मैं तुम्हारी आहट नहीं पहचान पाया। क्यों? क्यों नहीं पहचान पाया तुम्हारी आहट...?

[मंच पर अँधेरा।]

दूसरा अंक

[साँझ, गाँव का चौपाल। एक वृक्ष के नीचे नित्तिलाई का भाई और उसके दो मित्र प्रतीक्षा में। धीमे स्वर में कुछ बतिया रहे हैं। भाई निगाह उठाकर अरवसु को दूर से आता देखता है।]

भाई : वो आ गया।

साथी : हे भगवान अब आया है।

[वो चुप हो जाते हैं, वैसे ही अरवसु दौड़ता हुआ पहुँचता है पसीने से लथपथ। हाँफता हुआ, ये लोग उसका अभिवादन नहीं करते। अरवसु दम साधने की कोशिश करता है। चारों ओर देखता है।]

अरवसु : सुनो, बड़कों की पंचायत नहीं है क्या इधर ? (भाई हामी में सिर हिलाता है।) तो फिर किधर ? कहाँ हैं सबके सब ?

भाई : चले गये अपने-अपने घर।

अरवसु : घर ! हे भगवान ! किन्तु बड़े-बूढ़े...

भाई : बड़े-बूढ़े बैठे रहे दिन भर तुम ही नहीं आए।

अरवसु : सो तो है मेरी गलती। लेकिन मैं विवश था। हुआ ऐसा कि मैं वहाँ से निकला...

भाई : तो अब इस सबसे क्या होगा।

अरवसु : होगा, जरूर होगा। तुम्हारे सभी बड़े-बूढ़ों को समझाऊँगा, पाँव पड़ूँगा।

भाई : कोई फायदा...

अरवसु : (बढ़ती हुई घबराहट को छिपाता हुआ) अच्छा तुम्हीं फैसला कर लेना। मैं यहीं आ रहा था तभी पगडंडियों पर यवक्री भागता हुआ निकला। वो घबराया था। मैं समझ गया उसके प्राण संकट में हैं। मैं भी उसके पीछे-पीछे भागा। मैं ज्योंही उसके आश्रम पहुँचा तो वह मरा पड़ा था।

भाई : मरा हुआ ?

अरवसु : हाँ लहू में लथंपथ। उनका सेवक बाबा अंधक भी वहीं था सुन्न और बहरा पत्थर हो जैसे। मैं यवक्री के निष्प्राण शरीर को यूँ छोड़ कैसे आता।

भाई : समझता हूँ...

अरवसु : लहू अभी तक उष्ण था, रिस रहा था। झाड़ियों में वन्य पशु इकट्ठे होने लगे थे। काले तेंदुए, रीछ घात लगाये बैठे थे, यवक्री को फाड़ खाने। और बूढ़े को भी कहाँ छोड़ते वे। मुझे शव को वहीं गाड़ देना पड़ा।

भाई : जो किया सो ठीक किया।

अरवसु : तुम तो समझते हो मैं जानता हूँ। बड़के भी जरूर समझेंगे। बस मैं...

भाई : बड़के जा चुके हैं घर।

अरवसु : मैं भी एक-एक के द्वारे जाऊँगा, उनके पाँव पड़ूँगा, सबसे क्षमा माँगूँगा, हो सकता है बड़े-बूढ़े कल फिर सभा कर लें।

भाई : कल फिर सभा ? किसलिए ?

अरवसु : मुझे और नित्तिलाई को आशीर्वाद देने।

भाई : अरवसु तुम पंचायत में नहीं पहुँच सके, पंचों ने नित्तिलाई का ब्याह हमारे ही कबीले के दूसरे युवक से तय कर दिया है। (अरवसु स्तब्ध ताकता है)

अरवसु : क्या ? ओह ! नहीं...। नहीं। नहीं। नहीं। ऐसा नहीं हो सकता।

भाई : अब तो यही होगा अरवसु। पंचायत का फैसला है।

अरवसु : किन्तु सूरज नहीं डूबा अभी तक। नित्तिलाई ने कहा था पंचायत सूरज डूबने तक चलेगी। मैं यहाँ हूँ और सूरज नहीं डूबा अभी।

भाई : वो तो ठीक है...लेकिन मेरे बापू को जल्दी थी और तुम्हारी बाट जोहते वे थक भी गए थे। उन्हें लगा, उनकी हेठी हुई है। सो भड़क गए। मेरी इस छोकरी ने भरी सभा में मेरी भद्द उड़ा दी। आपमें से कोई भी तैयार हो, मैं उसी को दे दूँगा इसका हाथ। बस ये तो उसके भाग ही अच्छे थे। हमारे ही लोगों में से, हमारा संबंधी भी लगता है, ठीक-ठाक जवान है। वो ही तैयार हो गया। नित्तिलाई उसके साथ सुखी रहेगी। तुम्हें भी यह सोचकर संतोष करना चाहिए।

अरवसु : तुम मेरे साथ ठिठोली कर रहे हो। है न यही बात ? सच कहो कि तुम ठिठोली...

भाई : अब कुछ बदल नहीं सकता।

अरवसु : हे भगवान ! ओ प्रभु ! ऐसा न कहो। अच्छा, मैं तुम्हारे पिता और पंचों से मिलता हूँ। मैं उन्हें समझाऊँगा, ये नहीं हो सकता।

भाई : जा...अपने घर लौट जा अरवसु !

अरवसु : मैं तुम्हारे देवताओं को अपने माँस की बलि चढ़ाऊँगा।

भाई : कुछ नहीं हो सकता।

अरवसु : (चीखता है) मुझे नित्तिलाई चाहिए। वो मेरी है। मेरी...

[अचानक भाई आक्रमण कर उसे नीचे गिरा देता है और उसकी छाती पर अपना पाँव जमा देता है।]

भाई : बहुत उधम कर चुका तू ब्राह्मण के बच्चे ! दो-एक दिनों में नित्तिलाई का ब्याह हो जाएगा। पहले ही लोग तुम दोनों को लेकर उल्टी-सीधी बोल रहे हैं। अब लोगों के सामने उसका नाम लेकर उसे और बदनाम किया तो बहुत बुरा होगा।

अरवसु : मैं उससे कम-से-कम बात तो कर सकता हूँ ?

भाई : (पाँव हटाता हुआ) नहीं, बिलकुल नहीं। ब्याह हो जाने दो।

अरवसु : उसके बाद ?

भाई : उसके बाद नित्तिलाई जाने या उसका घरवाला।

अरवसु : अच्छा, इतना कर दो...उससे कहना...

भाई : देखो, आज का दिन उस पर भारी पड़ा है। बेदम हो गई है वो। अब तक रो रही है। कलेजा हलकान कर रही है। तुम यहाँ और अटकोगे तो उसकी पीड़ा बढ़ेगी ही। चले जाओ यहाँ से।

अरवसु : (जाने लगता है। फिर पलटता है) सुनो, इसमें मेरा कोई दोष नहीं।

भाई : (उसकी गरदन पकड़कर) चला जा !

[अरवसु घर की ओर चल पड़ता है। रैभ्य अभी तक जगा हुआ है। अरवसु बरामदे के एक कोने में निढाल पड़ जाता है। कदमों की आहट। अंधेरे में परावसु प्रवेश करता है।

रैभ्य : कौन है ? इतनी रात गये ?

परावसु : मैं हूँ, पिता, मैं परावसु।

रैभ्य : (चकित-सा) परावसु ?

[तेजी से कुटिया के बाहर निकलता है आश्वस्त होने के लिए।]

रैभ्य : परावसु ! नहीं ! असंभव !

परावसु : (कोमलता से) आपका आशीष मेरा छत्र हो पिता !

[रैभ्य के सामने दंडवत प्रणाम करता है।]

रैभ्य : (संत्रस्त) किंतु तुम यहाँ कैसे ? यज्ञ की पूर्णाहुति में एक माह शेष है। अवभ्रत स्नान शेष है। तुम हाथों में ये पवित्री कंकण के साथ मंडप छोड़कर कैसे आ सकते हो।...तुम यह नहीं कर सकते हो। तुमने नियमों का उल्लंघन किया है। क्रम भंग। जानबूझकर देवताओं की

अवहेलना कर रहे हो।

परावसु : मन हुआ, घर आऊँ।

रैभ्य : मन हुआ और निकल पड़े, दीक्षाबंधन हुआ है–यज्ञ-मंडप की परिधि से निकलना वर्जित है–यज्ञ-धर्म को भंग कर दिया तुमने। दुष्ट, कहीं उन्होंने ही तुम्हें बहिष्कृत तो नहीं कर दिया ? तुम्हारी पत्नी की यशगाथा जान ही गए होंगे ! सब !

[अरवसु–विशाखा अब तक जग चुके हैं। थोड़ी दूर से सुन रहे हैं।]

परावसु : (धीमे स्वर में) हाँ, जान गए। सब सुन लिया सबने। मुझे किसी ने बहिष्कृत नहीं किया।

रैभ्य : तो ये तुम्हारी स्वभावगत उद्‌दंडता है ? स्वेच्छा से नियमों को भंग करना।

परावसु : मैं उषाकाल से पहले वापस पहुँच जाऊँगा तो कौन जानेगा ?

रैभ्य : (भड़कता हुआ) कौन जानेगा ? महासत्र का अध्वर्यु रात के अँधेरे में चोरों की तरह रेंगता हुआ घर पहुँच रहा है...कोढ़ी की तरह अंग-प्रत्यंग छिपाए। तू सोचता होगा, देवता नहीं देखेंगे। अरे देवता भी भ्रष्ट होंगे तेरे आचरण से। देवताओं को अपनी जूठन खिलाओगे दुराचारी। दो-दो दुष्ट मेरे ही वंश में होने थे ! मैंने कहा था सम्राट से–'मेरे शब्दों पर ध्यान दें। सम्राट, मेरा एक पुत्र वाममार्गी है, दूसरा मंदबुद्धि। जहाँ जाएगा वहीं विष्ठापात करेगा।'

परावसु : सम्राट् प्रायः कहा करते हैं। वो आप ही को मुख्य पुरोहित बनाना चाहते हैं। किंतु सात वर्षों का लम्बा अनुष्ठान था। इसलिए युवा पुरोहित चुन लिया।

रैभ्य : समझा। तो तुम मेरी आयु कितनी है, यह नाप रहे थे ! है न ? तुम और तुम्हारे सम्राट। अब मेरी जीवन-रेखा की शक्ति का भान हुआ। तुम्हारा सत्र पूरा होने को है और मैं अब तक जीवित हूँ। अब तक हूँ जीवित और प्रफुल्लित। अपने सम्राट से कहो, मैं अपने बेटों के बाद मरूँगा। मैं

जीवित रहूँगा अपने बेटों का श्राद्ध करने तक। उनकी आत्माओं का तर्पण मैं ही करूँगा। सम्राट से यह भी कहो कि मेरी बहू का पिछौड़ा सूँघनेवाले कुत्तों के झुंड ने मुझे पर्याप्त शक्ति दे रखी है।

परावसु : मैं चाहता था, मैं अपनी पत्नी से दो बात करूँ।

रैभ्य : अरे लम्पट! तू निर्वंश हो जाएगा निर्वंश–मेरा शब्द असत्य नहीं होगा–। मैं जाता हूँ।

परावसु : रात के इस प्रहर में? नहीं पिता! इस समय वन में... भयानक हो सकता है। (पुकारता है) अरवसु!

अरवसु : (अरवसु बाहर आ जाता है) हाँ–

रैभ्य : यदि तुम्हें अपनी पत्नी के साथ एकांत की वासना है तो इस मूर्ख को कहीं और भेज दो। मुझे इसकी आवश्यकता नहीं। वन्य पशुओं से नहीं अपितु मनुष्यों से सावधान रहने की आवश्यकता है।

[परावसु पिता को अभिवादन करता है। रैभ्य बाहर जाता है। परावसु, अरवसु की ओर मुड़कर बोलता है।]

परावसु : कैसे हो?

अरवसु : ठीक-हूँ।

[चुप्पी]

परावसु : आँखें लाल क्यों हैं? नींद उड़ गई है?

अरवसु : नहीं।

परावसु : (हँसकर) तुम्हें नाट्यकर्म से इतना प्रेम है। तुम्हें तो रात्रि जागरण का अभ्यास होगा ही।

अरवसु : नाटक? इस अकाल में नाटक कहाँ?

[परावसु को लगता है कि कुछ कहीं प्रतिकूल है। अरवसु किसी दिग्भ्रम में है और अपना संशय छिपाता रहता है।]

अरवसु : मैं सभी को कहता हूँ कि भैय्या का सत्र सम्पन्न होने दो, पानी बरसेगा और नट-अभिनेता भी फिर लौट आएँगे।

परावसु : (मुस्कराता है) और तुम फिर से मंच पर अभिनय कर सकोगे। मैं भी तेरा नाटक देख सकूँगा।

अरवसु : मैं! मैं कभी नाट्य नहीं करता।

परावसु : क्यों ?

अरवसु : आपको याद नहीं ? बहुत पहले की बात है। मैं शिकारी निषादों के साथ नाटक कर रहा था तभी तो आपने कहा था–तुम्हें अपने ब्राह्मण होने की कुछ भी चिंता है तो कभी रंगमंच पर अभिनय मत करना। नहीं तो भरतमुनि के पुत्रों के साथ जो हुआ वही तुम्हारे साथ होगा। सो बस, रंगमंच पर पग न धरा तब से।

परावसु : अरवसु, कितना उल्लू है! अरे न मानता मेरी बात।

अरवसु : मैं आपकी बात कैसे टालता भला ?

परावसु : (हँसकर) तो फिर एक बार मुझसे पूछ लेते।

अरवसु : आपका उत्तर वही होता बँधा-बँधाया।

परावसु : लगभग ऐसा ही होता लेकिन फिर भी प्रश्न और उत्तर जब होते हैं तो एक बार उनमें एक सूक्ष्म भेद तो आ ही जाता है। एक बात जानता है तू कि यदि प्रश्न और उत्तर को दोहराते रहो बार-बार, उसमें ध्वनि तक न बदलो, निरंतर दोहराते रहो, तो भी अर्थों का एक नया ब्रह्मांड अवतरित हो जाता है। जैसा चाहो वैसा अर्थप्रपंच रच लो।

[अरवसु परावसु की ओर असमंजस से देखता है और फिर...]

अरवसु : मैं वो काले बेरोंवाली पहाड़ी पर रहता हूँ।

[अरवसु उधर भागता है। परावसु अपना धनुष-बाण एक तरफ धर देता है।]

विशाखा : कैसे हैं ?

[कोई उत्तर नहीं।]

यदा-कदा स्फुट सूचनाएँ मिल जाती थीं आपकी। कभी कोई वहाँ वो नगर और यज्ञमंडप में जाता है तो...

[कोई उत्तर नहीं।]

आप स्वस्थ तो हैं ? या अब भी आप अपनी शक्तियों को अस्वास्थ्य की चरम सीमा तक घसीटते हैं दानव की तरह ?

[कोई उत्तर नहीं।]

मैं यही जानती थी, आप घर नहीं आएँगे। मैं मर जाऊँ तो भी...आपकी कलाई में सत्र का कंकण बँधा है आपको सूतक भी नहीं लगेगा।

[कोई उत्तर नहीं।]

किंतु मेरे व्यभिचार की सूचना पाते ही दौड़े आए, है ना ?

[कोई उत्तर नहीं।]

वैसे यवक्री और मेरे प्रसंग में जो भी सुना—वह सच है, अक्षरश...!

[कोई उत्तर नहीं।]

यवक्री और आप, कितने समान हैं आप दोनों। दोनों चले गए ? जब आपका मन चाहा, वापस भी आ गए। बिन बताए। जैसेकि इंद्र ही पर्याप्त कारण हों। मेरे लिए इंद्र देव नहीं हैं। मेरे लिए नहीं हैं। इस तरह क्यों चले गए आप ?

परावसु : देवताओं को प्रसन्न करना क्या कठिन है। सैकड़ों ढंग हैं—मंत्र-तंत्र, पूजन स्तवन। यवक्री जैसी तपस्या ! घोर तपस्या ! हा ! अग्नि के घेरे में एकपदीय खड़े होना। आत्मपीड़न। तरह-तरह की प्रणालियाँ। सभी एक से बढ़कर एक। उत्पीड़क। पर अंत में तपस्वी क्या करता है ! भिक्षापात्र सामने कर देता है—हमें पानी दो, पशुधन दो, पुत्र दो ! दे दो, दे दो ! लगता है, मनुष्य की परिभाषा मात्र एक है—भिखारी-मंगता। मुझे घृणा है इससे। मैं गया, क्योंकि अग्नियज्ञ में शब्दों के अर्थ का महत्त्व नहीं है। यह सत्र एक बृहत यंत्र की तरह है। एक बार चल पड़ा तो लक्ष्य तक पहुँचता ही है। यदि कोई विक्षेप हुआ तो उसे देवता भी ठीक नहीं कर सकते। मनुष्य ही करता है, यानी

मैं। अतः जब देवता आवेंगे मैं उनसे साक्षात्कार करूँगा मौन के क्षण में। शब्द से परे, नाद से परे, उस बोध के लिए वज्रमानस होना अनिवार्य है। उस सिद्धि के लिए मुझे शुद्ध एकाकी होना ही था।

विशाखा : यानी अमरत्व की सिद्धि!

परावसु : हाँ! उस क्षण भर के लिए।

विशाखा : और उसके लिए तुम्हें सारे संबंध, सारे नियम तोड़ देने होंगे?

परावसु : जब तुम कहती हो सारे तो वह भी एक नया नियम ही है।

[उठता है।]

विशाखा : यज्ञ पूर्ण होने पर आप घर लौटेंगे?

[कोई उत्तर नहीं।]

ऐसा करना तो सामान्य मनुष्य जैसा हो जाएगा ना? किंतु मनुष्य होने में अनुचित क्या है?

[कोई उत्तर नहीं।]

मुझे कुछ पूछना नहीं चाहिए। मुझे मौन रहना चाहिए। और आप तो मौन रहेंगे ही। आपके मौन के पीछे-पीछे मेरा मौन। मौन ही मौन की आवृत्तियाँ बार-बार आपने अभी अरवसु से कहा था न...वैसे ही...इन आवृत्तियों में नई सृष्टि पूरी हो जाती–अखंड, ब्रह्मज्ञान! किंतु मैं क्या करूँ? मुझे मौन नहीं भाता।

[कोई उत्तर नहीं।]

अच्छा, सुनिए। जाना ही है तो चूँकि आपने मेरा पाणिग्रहण किया है पहले मुझ पर एक उपकार करते जाइए।

[वह उसका धनुष और बाण उठाती है। उसके हाथों में थमाती है। बाण की नोक अपनी ओर कर देती है। फिर उसके सामने पीठ के बल लेट जाती है।]

लो, मैं तुम्हारे सामने खुली बिछी हूँ–पतिव्रता की तरह। तुमसे भिक्षा माँगने में मुझे लज्जा कैसी।

परावसु : तुम चाहती हो, मैं तुम्हारी हत्या कर दूँ?

विशाखा : मेरा सौभाग्य ! तुमने कोई प्रश्न तो किया।

[चुप्पी]

विशाखा : हम यहाँ तीन। तुम्हारा भाई कभी घर नहीं होता। रह गए केवल मैं और तुम्हारे पिता। [चुप्पी] केवल दो।

[चुप्पी]

तुम्हारे पिता के भीतर कुछ मर गया, जब सम्राट ने तुम्हें अध्वर्यु बनाया। तब से वे मुरझाए वृक्ष की तरह अपने भीतर ही भीतर सूखते जा रहे हैं। शिराओं में रस की बूँद तक नहीं।

[चुप्पी]

एक ओर तुम्हारे प्रति क्रोध, दूसरी ओर वासना। एक सूखे बूढ़े की अतृप्त वासना। यहाँ था कौन जिस पर वे अपना क्रोध निकालते ? केवल मैं...यवक्री में अब भी स्नेह बचा था। वह अब भी कोमल था। उसने दो क्षण भुला दिया। मुझे खरोंचने वाले वे कैंकड़ नाखून और बूढ़े पंजे। अंततः उसी का मूल्य चुकाया यवक्री ने अपना जीवन देकर।

[रैभ्य के दूर से खाँसने की आवाज। वह लौट रहा है]

लो, आ रहा है वही कृच्छप केकड़ा उचकता हुआ। वह लौट रहा है। यह देखने कि कहीं मैं महासत्र के अध्वर्यु के संग सो तो नहीं रही, जैसे सोई थी मैं यवक्री के संग ! आओ, मुझ पर इतना उपकार करो इसके पहले कि वह मुझे डंक मारे, मेरा उपहास करे, तुम–समाप्त कर दो मुझको। तुम वज्रमानस बनना चाहते थे न ? नरमेध के बिना वह सिद्धि कैसे मिल सकती है।

[चुप्पी]

परावसु : सच कह रही हो। आज भी तुम मेरी गुरु हो।

[वह विशाखा पर अपने तीर का लक्ष्य साधता है। एक लम्बा मौन। वे प्रतीक्षा करते हैं। फिर रैभ्य के खाँखने का स्वर सुनाई देता है। परावसु तुरत बाण की दिशा

उधर कर देता है जिधर से रैभ्य का स्वर आया था और बाण चला देता है। बिना कोई ध्वनि के रैभ्य धराशायी हो जाता है। विशाखा स्तंभित। चुप्पी]

डरो नहीं। मैं कभी लक्ष्य नहीं चूकता। यह विद्या मैंने निषादों से सीखी है।

विशाखा : अब तुम कभी नहीं जान सकोगे कि मैंने तुमसे झूठ कहा था या सच।

[चुप्पी]

परावसु : तुम्हें कुछ भी बताने की आवश्यकता नहीं थी। इन्हें मरना ही था। इन्होंने यवक्री की हत्या क्यों की! इसलिए कि सत्र के समापन-क्षेत्र में मेरी एकाग्रता भंग हो जाए। यवक्री को नहीं ये मुझे दंडित कर रहे थे। इसके पहले कि ये और आगे बढ़ते, मुझे इनको समाप्त करना ही पड़ा। यज्ञ समाप्ति की प्रतीक्षा मैं नहीं कर सका।

[चुप्पी]

विशाखा : (मुस्कुराती है) वज्रमानस ! तो वज्र का भी कोई कोमल मर्म स्थल होता है। तुम यह कभी स्वीकार नहीं करोगे किन्तु...

[कोई उत्तर नहीं।]

यवक्री अपने अन्तर की सारी घृणा बाहर उलीच देता था किन्तु तुम वैसे नहीं। तुम हठी हो। दाहक गरल की पीड़ा को छिपा लेने का हठ।

[परावसु का हाथ अपने हाथ में ले लेती है।]

अपना हाथ देखो। कितना तना हुआ है ! तुम्हारी शिराएँ उलझी हुई हैं रस्सियों की तरह। बताओ मुझे, काहे की चिंता है तुमको ?

परावसु : (रैभ्य के शव को देखता है) चलो, इस बूढ़े को ठिकाने लगा दें।

विशाखा : जीने में पर्याप्त समय लिया इन्होंने, फिर अब इतनी शीघ्रता क्यों ?

[दोनों एक-दूसरे की तरफ देखते हैं। मंच पर अंधकार होने लगता है। अंत तक प्रकाश उन पर रहता है। अरवसु बेरी की झाड़ियों के पास अपने-आपसे बतियाता हुआ दिखता है।]

अरवसु : काँटे ही काँटे ! सारी सृष्टि ही कंटकित हो गई है। प्रकाश किरण में भी चुभन। हर साँस में काँटे। नित्तिलाई तुम्हारा नाम ही क्यों न हो–शब्द-शब्द नहीं, पैने दाँत हो गए हैं। खरोंचकर मेरे मस्तिष्क की त्वचा उधेड़ रहे हैं ये दाँत। मेरी चिंतन शिराओं से लहू रिस रहा है। मैं क्या करूँ? क्या प्रायश्चित करूँ अपने प्रमाद के लिए। केवल आधा घंटा पहले पहुँच जाता तो मुझे नित्तिलाई मिल जाती। तुम्हें पता है मैं क्या कर रहा था तब। मैं स्नान कर रहा था। तुमसे मिलने के पहले धोना चाहता था यह देह। जानता था, देर हो रही है किंतु मैंने शव का संस्कार किया था। अपवित्र हाथों से तुम्हें छूने की सोच भी नहीं सकता था। हाँ, कोई चांडाल होता तो करता चिंता इसकी। कोई श्वपच नहीं सोचता यह सब। मेरा ब्राह्मणत्व ही मेरा पाप है। इसने मुझे हिलने न दिया। ओह !

[परावसु का स्वर]

स्वर : अरवसु, अरवसु !

[अरवसु उठ खड़ा होता है। कुटिया की तरफ भागता है। वह देखता है कि परावसु और विशाखा झाड़ी के पास झुककर कुछ देख रहे हैं।]

परावसु : अरवसु–इधर, यहाँ। (परावसु रैभ्य के शव से बाण खींच कर निकालता है।)

अरवसु : कहाँ हैं आप ? किधर ?

परावसु : यहाँ–इधर। नीम के नीचे।

अरवसु : वहाँ क्या कर रहे हैं आप ?

[अरवसु उनकी तरफ जाता है। परावसु व विशाखा रैभ्य के शव के ऊपर झुके हुए हैं।]

अरवसु : ये क्या! क्या हो गया? ओह! पिता हैं क्या ये? इन्हें क्या हो गया? हे प्रभु! रक्त-शोणित! हे भगवान! नहीं, मुझे विश्वास...

परावसु : अँधेरा था। मैंने समझा, कोई वन्य पशु है।

अरवसु : (लगभग पगला-सा) कुछ करना चाहिए हमें। हो सकता है, अभी प्राण हों। हाँ, वो देखो–उनकी पलकें हिल रही हैं। हम उन्हें भी हिला सकते हैं।

परावसु : अरवसु, अपने को सँभालो। पिता नहीं रहे।

अरवसु : ऐसी घटनाएँ क्यों हो रही हैं? हमने ऐसा क्या किया है?

[अरवसु रोने लगता है। परावसु उसे थप्पड़ मारता है।]

परावसु : बंद भी करो। बालपना नहीं। यह रोने-बिलखने का समय नहीं है। वहाँ कोई मुझे पूछे, इससे पहले मुझे वहाँ पहुँच जाना चाहिए।

[अरवसु और विशाखा दोनों में प्रतिक्रिया होती है।]

परावसु : यदि वहाँ किसी को गंध भी लग जाए कि मैं यज्ञ मंडप छोड़कर बाहर गया तो सत्र दूषित हो जाएगा...खंडित। मुझे लौटना ही होगा, बस अभी।

अरवसु : किंतु, इस घटना के बाद भी आप वापस जाएँगे?

परवसु : हाँ, यज्ञहोम को होते रहना है। तुम भी यह जानते हो उसे केवल मैं ही सम्पन्न कर सकता हूँ।

अरवसु : किंतु...किंतु...

परावसु : पितृहत्या, ब्रह्महत्या। हमें प्रायश्चित करना होगा अभी। किंतु मुझे लौटना भी है तत्काल। अतः संस्कार अब केवल तुम कर सकते हो।

[विशाखा और अरवसु भयाक्रांत हैं।]

परावसु : अग्नि देने का अधिकार है तुम्हें।

अरवसु : भैय्या, किंतु...

परावसु : किंतु! किंतु क्या? अग्नि संस्कार में दोष हुआ तो अनावृष्टि ही अनावृष्टि रहेगी। धरती पर वर्षा होवे इसलिए तुम्हें

यह करना ही होगा।

परावसु : तभी मैं अपना सत्र निश्चिंत भाव से पूरा कर सकता हूँ।

विशाखा : अरवसु, ना कह दो।

अरवसु : भाभी !

विशाखा : अस्वीकार कर दो। उन्होंने अपने पिता की हत्या की है। वही उसका प्रायश्चित्त करें। तुम इसमें मत उलझो।

अरवसु : किंतु, अग्नि ? बरखा ?

विशाखा : तुम्हें क्या ? यज्ञ के अध्वर्यु वह हैं। वही सँभालें।

परावसु : (जैसे उसने विशाखा की बात सुनी ही न हो) संस्कार-अनुष्ठान में शीघ्रता मत करना। ध्यान से करना सब कुछ। सब कुछ सविस्तार होना चाहिए–विधिवत्।

अरवसु : (खोया-सा) भैय्या, मुझे तुम्हारा आशीर्वाद चाहिए।

[परावसु उसके सिर पर दाहिना हाथ रखकर आशीर्वाद देता है और चला जाता है। अरवसु विशाखा को नमस्कार करता है। विशाखा उसे टालती है। विभ्रांत परावसु की तरफ देखती रहती है फिर यंत्रवत कुटिया की ओर लौट पड़ती है।]

अरवसु : मृत्यु लपकती है जैसे आसमान से अँधेरा; याकि फूटती है पाताल के परनालों से, नहीं तो सूतक की यह दुर्गन्ध कहाँ से आती है इस पूरी सृष्टि में ? लगता है कुछ चिरायँध डाला हो यज्ञकुंड में। एक शव कल और एक शव आज। मेरे पिता घृणा करते थे मुझसे जैसे कि मेरी माता की कोख केवल एक विष्ठा द्वार रहा हो। फिर क्यों करूँ मैं संस्कार उनका। या शायद मुझे करना चाहिए। किन्तु नित्तिलाई कैसे करूँ मैं यह तुम्हें देखे बिना। मेरी आँखें प्यासी हैं तुम्हारे लिए। और जब तुम यह सुनोगी तुम भी यही पूछोगी कि क्यों मैंने अपने पिता का संस्कार नहीं किया। मैं करूँगा, मैं करूँगा नित्तिलाई। तुम्हारे लिए करूँगा यह।

[अरवसु चिताग्नि के लिए लकड़ियों का ढेर बनाने लगता है। परावसु जंगल से होकर वापस जा रहा है।

तभी एक आकृति अँधेरे से उछलकर उसके सामने खड़ी हो जाती है। परावसु और सामने राक्षस। वे दोनों एक-दूसरे को अल्प समय के लिए घूरते रहते हैं।]

परावसु : ओह ! स्वयं ब्रह्मराक्षस !

राक्षस : कैसे पहचाना ?

परावसु : मुझे प्रतीक्षा थी तुम्हारी, जानता था। तुम जाते भी कहाँ ?

राक्षस : मेरी सहायता करो। कृपया...

परावसु : मुझसे नहीं। मैं किसी की सहायता नहीं करता।

राक्षस : कृपया ऐसा न कहो। तुम्हारे हाथ जोड़ता हूँ। केवल तुमसे आशा है।

परावसु : कैसी आशा ?

राक्षस : तुम मुझसे डरे नहीं। तुम प्रबल हो। तुम्हारे पिता ने मुझे नया जन्म दिया। हम दोनों भाई हुए।

परावसु : और भाइयों की आवश्यकता नहीं मुझे।

राक्षस : सुनो, जब मैं मनुष्य योनि में था–कैसे बताऊँ, मैं बहुत बुरा था–दुष्ट। चलो छोड़ो, वह सब विस्तार से बता कर तुम्हें कष्ट नहीं दूँगा। हाँ, बस, मेरी दुष्टता का परिणाम यह था कि मेरा फिर से जन्म नहीं हुआ। मैं राक्षस हो गया। एक आत्मा-शून्यता में गूँथी हुई। जीवन और मृत्यु के बीच झूलती कल्पांतर की प्रतीक्षा में अन्तर्पिशाच की तरह। जैसे गर्भाशय में टँका हुआ भ्रूण। तुम ऐसे अस्तित्व की भयानकता सोच भी नहीं सकते। जन्म से परे, मृत्यु से परे। जन्म नहीं, मृत्यु नहीं। मात्रा अनस्तित्व का अनंत विस्तार। तुम्हारे पिता ने मुझे निकाल दिया वहाँ से और फिर समय की धारा में धरती पर। यवक्री का वध करने के लिए। मैं नहीं चाहता था, फिर भी मैंने किया। फलतः मुझे अब नया पितृधन मिल गया...आशा। मुक्ति की आशा। इस अवस्था से मुक्ति।

परावसु : मेरा पिता जल रहा है वहाँ चिता में। यह मुक्ति तुम्हें पिता से माँगनी थी।

राक्षस : मैं माँग लेता। इससे पहले कि वो सँभलते, तुमने उनकी हत्या कर दी। अब तुम उनके उत्तराधिकारी हो। मुझे इसमें आपत्ति नहीं। संभव है, तुम अधिक सक्षम हो। मेरी इच्छा पूरी कर सको।

परावसु : तुम क्या चाहते हो ?

राक्षस : मुक्त कर दो मुझको। शून्य कर दो मुझको।

परावसु : (हँसकर) यवक्री को सकल ज्ञान चाहिए था भिक्षा पात्रा में। तुम्हें संपूर्ण मुक्ति चाहिए। मोक्ष ! आकांक्षाएँ बहुत बड़ी-बड़ी हैं। मुझे तुम्हारे मोक्ष में कोई रुचि नहीं। मुझे अपनी मुक्ति भी नहीं चाहिए। (व्यंग्य से) तुम्हें मुक्ति दे दूँ ? अच्छा, बताओ, कैसे होती है मुक्ति ?

राक्षस : यदि मैं ही जानता... । मैं तो केवल माँग सकता हूँ। तुम देवताओं से पूछना, जब उनके दर्शन हों।

परावसु : मैं उनसे कुछ नहीं माँगूगा।

राक्षस : तुम अमरत्व की बातें करते हो। देखो मैं अमर हूँ फिर भी मृत्यु को तरस रहा हूँ।

परावसु : मुझ से तुम्हें कुछ नहीं मिलेगा।

[वे दोनों यज्ञ-मंडप के समीप पहुँच चुके हैं।]

मुझे मंडप में जाना होगा। ध्यान रहे, यज्ञ-मंडप में अपवित्र आत्माओं का प्रवेश वर्जित है। अभिमंत्रित क्षेत्र है यह। सारी दिशाएँ बँधी हुई हैं।

[परावसु मंडप में प्रवेश कर जाता है। राक्षस उसे देखता रहता है।]

राक्षस : भाई से भाई की मुक्ति इतनी भी सरल नहीं ? भाई !

[राक्षस विलीन हो जाता है।]

[रैभ्य का आश्रम। अरवसु आता है।]

अरवसु : भाभी। भाभी।

[कोई उत्तर नहीं आता। वो फिर पुकारता है। आश्रम के भीतर जाता है। हर कहीं धूल माटी महसूस करता है। वह कोने में रखे जलपात्र घड़े के निकट आता है। घड़े को उठाता है।]

जलकुंभ पर मकड़जाले। भाभी कहाँ गई ?

[घड़ा नीचे धर देता है और वहाँ से चला जाता है। अरवसु यज्ञमंडप के पास आता है। हवन हो रहा है। वह मंडप में प्रवेश करता है और सदस्यों के बीच जा बैठता है जो यज्ञ की क्रियाएँ देख रहे हैं। परावसु जो पहले अपने कार्य में तन्मय था, अरवसु को देखकर सहसा ठहर-सा जाता है। वह अपलक दृष्टि से अरवसु को घूरता है। उसकी अचानक चुप्पी की ओर सभी का ध्यान जाता है। सारा मंत्रोच्चार रुक जाता है। सब के सब उत्सुकता से, विमूढ़ से पहले परावसु को देखते हैं फिर अरवसु को। अरवसु घबरा जाता है और संकुचित होता है।]

परावसु : तुम ?

[अरवसु की ओर अंगुली उठाकर। अरवसु डरा व विमूढ़-सा खड़ा हो जाता है।]

परावसु : कौन है तू ?

अरवसु : भैय्या !

परावसु : कौन है तू ?

अरवसु : मैं ? मैं तो...

परावसु : हाँ, बता हम सबको।

अरवसु : मैं, अरवसु हूँ। रैभ्य का पुत्र।

परावसु : और अभी तू आया कहाँ से ?

अरवसु : मेरे पिता दिवंगत हुए। मैंने अभी-अभी उनका संस्कार किया और प्रायश्चित भी पूरा किया है।

परावसु : प्रायश्चित ! किस बात का ?

[कोई उत्तर नहीं।]

किस बात का ?

अरवसु : उनकी अकाल मृत्यु हुई।

परावसु : अकाल मृत्यु ?

अरवसु : उनकी हत्या हुई।

[यज्ञमंडप में कानाफूसी-हलचल। परावसु सभी को शांत करता है। चुप रहने के आदेश देता है।]

परावसु : किसने की हत्या उनकी ?

[लम्बी चुप्पी]

अरवसु : उनके पुत्र ने।

[उपस्थित भीड़ में खलबली मच जाती है।]

परावसु : पितृहत्या। ब्रह्महत्या–पितृहंता ! क्या कर रहा है तू इस यज्ञभूमि में ? राक्षस, जा, भाग जा यहाँ से ! हटा दो इस दानव को यहाँ से !

अरवसु : किंतु... किंतु...

[तीन–चार ब्राह्मण अरवसु को धर दबाते हैं। घसीटते ले जाते हैं। विमूढ़-सा अरवसु उन्हें यह करने देता है और यह यज्ञ-मंडप से बाहर फेंक दिया जाता है। अचानक वह चीखने लगता है।]

अरवसु : (चीखते हुए) किंतु ऐसा क्यों ? भैय्या, ऐसा क्यों ?

[दो सैनिक आते हैं। अरवसु को पकड़कर घसीटने लगते हैं और वह चीखता रहता है।]

अरवसु : क्यों ? क्यों ? बताओ मुझे, क्यों ? कृपा करो, बताओ ! क्यों ?

[परावसु उपस्थित पुरोहित सभा को देखता है और यज्ञ देखने आए लोगों को।]

परावसु : यज्ञों की जब पूर्णाहुति होनी होती है तो प्रेत प्रकट होने लगते हैं–राक्षस। हम सबको सावधान रहना होगा।

[परावसु के संकेत पर यज्ञ-आहुतियाँ फिर आरंभ हो जाती हैं। मंत्रोच्चार आरंभ हो जाते हैं। साथ ही मंच पर अंधकार होने लगता है।]

मध्यांतर

तीसरा अंक

[रात। नगर द्वार के बाहर का दृश्य। सोए हुए लोगों से मंच अटा पड़ा है। अरवसु के पास ही नित्तिलाई भी सोई हुई है। अरवसु जाग पड़ता है और औचक उठ बैठता है। चारों ओर ताकता है। अरवसु सोए हुए लोगों पर से रेंगता हुआ मंच पार करता है। नित्तिलाई नींद में ही हाथों से टटोलकर देखती है कि अरवसु उसके पास है या नहीं। अरवसु अब वहाँ नहीं है। वह भी उठ बैठती है। चारों ओर देखती है और अरवसु दिखाई देता है। वह उसके पास जाती है।]

नित्तिलाई : अरवसु !

[अरवसु चौंकता है। पलटकर देखता है।]

कहाँ जा रहे हो ?

अरवसु : हाँ, मैं नित्तिलाई !

[अरवसु उसे घूर-घूरकर देखता रहता है। नित्तिलाई उसका कपाल छूकर देखती है।]

नित्तिलाई : ताप कुछ-कुछ टूटा तो है। भली करे भगवान।

[उसके अंगवस्त्रों को छूती है और ठीक करती है।]

नित्तिलाई : एकदम तर हो रहे हो।

अरवसु : (अविश्वास से) नित्तिलाई ! तू... ?

नित्तिलाई : (हँसती हुई) हाँ-हाँ, मैं ही हूँ...मैं।

अरवसु : (अचानक प्रसन्नता से हँसने लगता है–खिल-खिल बच्चे की तरह।) नहीं, ये तू...तू नहीं। तू कैसे हो सकती है... तू ? नित्तिलाई...नित्तिलाई...स्वप्न है क्या ? या जादू है ?

या सचमुच में है तू यहाँ ? तुम फिर चली जाओगी ? नहीं न ? देखो, अंतर्धान मत हो जाना। नित्तिलाई, तुम नित्तिलाई ही हो न नित्तिलाई।

(उसका हाथ पकड़ लेता है) मैं तुम्हें पकड़कर रखूँगा। छूटने न दूँगा अब।

नित्तिलाई : हश ! लोग जग जाएँगे !

अरवसु : (हँसता हुआ) यहाँ कैसे पहुँची ?

नित्तिलाई : चलो उधर। यहाँ बात नहीं कर सकते।

[उसे सहारा देती है। अरवसु का सिर चकरा रहा है। वह फिर से गिर जाता है। वह उसे उठाती है। दोनों थोड़ी दूर जाते हैं।]

नित्तिलाई : सँभल के, चक्कर आ रहा है क्या?

अरवसु : (हँसता हुआ) लगता है, मैं उड़ रहा हूँ; तैर रहा हूँ...जैसे आकाश में उड़ जाऊँगा...बड़ा अच्छा लग रहा है...तुम हो मेरे साथ...सब कुछ कितना सुंदर है। जैसे झरने के साथ-साथ बह रहा हूँ।

[अपने आप से खड़ा हो जाना चाहता है। डगमगाता है। नित्तिलाई को पकड़ लेता है। दोनों फिर हँसने लगते हैं।]

नित्तिलाई : रुको भी, बचपना न करो। चलो, इधर तुम्हारी धोती ठीक करती हूँ।

[निश्चिंत भाव से नित्तिलाई अरवसु की धोती ठीक करती है। जैसेकि वह एक बालक हो। फिर हाथ पकड़कर एक तरफ ले जाती है।]

नित्तिलाई : अब बैठ जाओ यहाँ।

[एक बुझते हुए अलाव को थोड़ा-सा फिर से सुलगाती है। बातें करते हुए।]

अरवसु : ये कहाँ हैं हम ?

नित्तिलाई : नगरी के परकोटे से ठीक बाहर।

अरवसु : ये इतने लोग...

निित्तिलाई : भूखे, कंगाल, देहाती। यज्ञ पूरा हो रहा है सो दो दाने की आस में दान-भोज की घड़ी अगोर रहे हैं।

अरवसु : (धीरे-धीरे याद करते हुए) यज्ञ ? हाँ, यज्ञ। अब याद आया। (ध्यान से नित्तिलाई को देखता है) कितनी सुंदर दीखती है तुम्हारे हाथों और मुखमंडल पर ये चित्रकारी ! माँडने। दुलहन-सी दीखती हो–वधुका। (अचानक) अरे हाँ...तुम सोने के लिए अपने घर गई कि नहीं ?

नित्तिलाई : (उसके हाथो में एक फल देती है) ये लो...खाओ। न जाने कब खाया होगा ! चलो, खाओ।

अरवसु : तू यहाँ कैसे आ गई नित्तिलाई ? हाँ ?

नित्तिलाई : भाग आई मैं।

अरवसु : भाग आई ?

नित्तिलाई : हाँ, छोड़ दिया घरवाले को और घरवालों को भी।

[चुप्पी]

अरवसु : ओह !

[चुप्पी]

अरवसु : ...क्यों ? तुम्हें वो अच्छा नहीं लगा ?...मारता था ?

नित्तिलाई : मुझे अच्छा लगता था। बहुत ही अच्छा। जब देखो, मुस्कुराता रहता है। हँसमुख। उसके चेहरे पर कभी शिकन नहीं। रह जाती तो सुखी ही रहती उसके संग।

[चुप्पी]

नित्तिलाई : कोई दूसरी लड़की उस हँसमुख को मेरी तरह छोड़कर भाग जाती तो खदेड़कर पत्थरों से मारते लोग उसको। और जान लो, मैं भी पत्थर ही मारती उसको। फिर जब सुना कि तुम्हारे साथ जो हुआ तो...

अरवसु : क्या सुना ?

नित्तिलाई : भाँत-भाँत की बातें सुनीं।

अरवसु : (याद करते हुए) हाँ-हाँ।

नित्तिलाई : हाय दैया, मैं तो मर ही गई। सुना, उन्होंने पीटा तुमको ? बस, रुक न सकी फिर। उठी और भागी...भागती चली

आई।

[छोटी चुप्पी]

अरवसु : और फिर मैं कैसे मिला तुम्हें ?

नित्तिलाई : लो, तुम्हें ढूँढ़ना कौन बड़ी बात थी ! यहाँ का पिल्ला-पिल्ला जानता है तुम्हें।

[लम्बी चुप्पी]

अरवसु : मैं एक बार फिर से गया था परावसु को मिलने। (उत्तेजित होकर) मुझे कारण जानना ही था, मैंने किया क्या था ! सो मैं रात को ही गया। किंतु वह निकला ही नहीं।

नित्तिलाई : अरवसु ! चलो, ठीक है। अब हो गया सो हो गया।

अरवसु : वहाँ सैनिकों ने पीटा मुझको। कुत्ते की तरह घसीटते गए जाने तो किसी स्मशान में !...मैं चीखता रहा–क्यों भैया, क्यों ? और सैनिक मुझे पीटते रहे।

नित्तिलाई : श ऽ श ऽ शांत, ऐसे नहीं सताते अपने को ! चलो लेटो !

अरवसु : स्मशान में मेरी जनेऊ तोड़ दी–यज्ञोपवीत–क्यों ? क्या उसने सोचा होगा, मेरा ब्याह हो गया तुमसे ? या सोचा होगा मैं नट बन गया ? अभिनेता ? नीच जात ?...नहीं, नहीं, मुझे ठीक याद है। उसने कहा था–'निकलो राक्षस ! निकल यहाँ से तू !'

नित्तिलाई : चुप भी करो अब...चलो, थोड़ी-सी झपकी ले लो। अभी रात बाकी है।

[नित्तिलाई अरवसु को लिटाती है। उसका सिर अपनी गोद में रखकर।]

अरवसु : बहुत भयानक सपने देखे मैंने। और जब भी आँख खोलूँ तो इतने सारे आड़े-तिरछे शरीर। मुझे लगा, मैं मुरदों के संसार में आ गया हूँ। तुम कहीं नहीं दिखाई दी। अच्छा होता, तुम पहले दीख जातीं। (उसकी ओर देखता है थोड़ी देर) अपने भैय्या को पूजता था मैं। उसी ने मुझको धोखा दिया...और तुम मेरे लिए सारा जोखम उठा रही हो।

निन्तिलाई : (सहजता से) तुम इतने अच्छे जो हो। (एक और फल निकाल कर देती है।) लो। खाओ। तुम्हारे लिए लुकाकर रखे थे। वो उधर नटों का परिवार है न। उनके तीन बच्चे हैं–बेचारे...नदीदे भूखे ही बिलबिलाते रहते हैं!

अरवसु : नट ?

नित्तिलाई : हाँ...! उन्होंने ही तो तुम्हारी जान बचाई।

अरवसु : (अचानक) तुम्हें घर से निकले कितना समय हुआ नित्तिलाई ?

नित्तिलाई : तीन दिन।

अरवसु : (उत्तेजित) तीन दिन! और तीन दिनों से इस नगरी में तुम ऐसे भटक रही हो! पागल तो नहीं हो गई तू ?

नित्तिलाई : (सहजता से) मैं रुकी रही कि तुममें थोड़ी शकत आ जाए।

अरवसु : (क्रोध से) दूसरों की ही सोचती रहोगी सदा? अरे मैं तुम्हारे कुटुम्ब-कबीलेवालों को अच्छी तरह जानता हूँ–शिकारी आखेटक! लहू तो पानी है उनके लिए। एक बार प्रतिशोध की सोच लें वे तो फिर...चलो, यहाँ से निकल चलो तुरत!

नित्तिलाई : हाँ, चलो। तुम्हारी बोली में जितना दम आया है, पैरों में भी उतना दम हो तो आज ही आज में बहुत दूर निकल जाएँगे।

[अचानक दोनों जोर से हँस पड़ते हैं फिर गंभीर स्वर में।]

नित्तिलाई : अरवसु, हम दोनों के साथ जाने का अर्थ यह नहीं कि हम दोनों साथ रहने भी वाले हैं–दो प्रेमियों जैसे या लोग-लुगाई के जैसे। मैंने अपने घरवाले के साथ बहुत बुरा किया है। मैं उसे और छोटा नहीं करना चाहती। हम दोनों भाई-बहन की तरह रहेंगे। हाँ, न? तुम किसी से ब्याह कर लेना अपने मन की चुनकर। केवल मेरी रक्षा करना...हाँ, एक कोना दे देना जहाँ अपने लोथड़े को फैला सकूँ।

अरवसु : ब्याह नहीं करूँगा मैं। कभी नहीं। तुम मेरे साथ होओगी। यह बहुत है।

नित्तिलाई : (उठती हुई) विश्राम कर लो। मैं अभी आती हूँ।

अरवसु : जा कहाँ रही हो ?

नित्तिलाई : कुछ खाने का प्रबंध करती हूँ रास्ते के लिए। कुछ मांस, कुछ फल। दो-तीन दिनों के लिए! वो नटों का परिवार भी हमारे साथ ही जाएगा। उनके भूखे बच्चे भी।

अरवसु : (धीरे से) नी...ति...ला...ई!

[नित्तिलाई रुकती है।]

अरवसु : इस बीच में मैं एक बार और जतन करता हूँ।

नित्तिलाई : जतन ?

अरवसु : भैय्या से मिलने का।

नित्तिलाई : कैसे करोगे ? आस-पास भी आने देगा वो तुम्हें जो...

अरवसु : आने तो नहीं देंगे। फिर भी यहाँ से जाने से पहले मुझे जानना तो है न...उसने क्यों ऐसा किया! मुझे जानना ही है, जानकर रहूँगा।

नित्तिलाई : हाँ, बहुत बताएगा वो तुम्हें ?

अरवसु : (छोटी चुप्पी) नहीं, वो नहीं बताएगा।

नित्तिलाई : मान लो, बता भी दे। क्या मिल जाएगा तुम्हें उससे ? जितना झेला है, वो कम है क्या ?

अरवसु : मैं नहीं जानता पर मेरा जी करता है मैं उसका सामना करूँ और उसके चेहरे पर कालिख पोत दूँ। उचित मूल्य चुकाना होगा उसको। बदला लूँगा मैं उससे।

नित्तिलाई : अरवसु! ये क्या पागलपन है ?

अरवसु : हाँ समझता हूँ मुझे ऐसे नहीं बोलना चाहिए। लेकिन क्या करूँ ? शब्द यूँ ही निकल पड़ते हैं। और क्यों न निकलें। यवक्री, पिता और परावसु। षड्यंत्र है यह। समझती नहीं तू, कैसे व्यूह रचा है सबने! केवल इसीलिए कि मैं तुझे ब्याहना चाहता था। क्योंकि मैं अपना कुल, अपनी जाति, अपना जनम छोड़ने को तत्पर था। देखती नहीं तुम, मैं

अपनों पर ही आघात करने को था कि मेरे पैरों से लिपट गया एक शव! यवक्री का! और फिर पिता। लहू में लिथड़े शरीर! महामारी में जैसे चूहे भागते हैं घिसट-घिसटकर! मरते हैं रक्त वमन करते!

नित्तिलाई : अरवसु!

अरवसु : सुनो! अब सब साफ हो गया है। यवक्री मर गया, पिता मर गए पर परावसु जीवित है। अर्थात् इस सबका कारण वही हो सकता है। भैय्या जानता था, उनकी वर्जना के बाद भी मैं तुमसे ब्याह करूँगा। इसीलिए...भैय्या और उसकी पत्नी और वे सारे के सारे पुरोहित...हाँ, उन सबने मिलकर मुरदे बिछा दिए मेरे पथ में।

नित्तिलाई : अब तुम केवल बक-बक कर रहे हो।

अरवसु : तू नहीं समझती। तुम जंगलियों को छोटी-छोटी बातें और जादू-टोने ही समझ में आते हैं। तुम्हारे प्रेत किसी पहाड़ी गुफा में छिपे होते हैं या कुछ पेड़ों से लटके होते हैं। किंतु यवक्री, मेरे पिता और भैय्या...उन्होंने तो ऐसी-ऐसी शक्तियाँ सिद्ध कर ली हैं कि धरती के गर्भ में भी उत्पात कर सकते हैं वे तो। सौर मंडल में झंझावात! सारी सृष्टि की दुरात्माओं से खेलते हैं। यवक्री मर गया, पिता मर गए। अब उनके शव हमारा पीछा कर रहे हैं। मेरे पैर पकड़ कर घसीट रहे हैं वो। उस महायज्ञ से दुर्गंध निकल रही है। इन्द्रजाल है ये सब।

नित्तिलाई : चलो, तुम्हारी समझ ही ठीक है। तो फिर क्या कर लोगे तुम? कहो न?

अरवसु : मैं नहीं जानता। पूछो मत। पूछ-पूछकर उलझा देती हो तुम। फिर भी सोचो, ऐसा दुष्टात्मा यज्ञ का अध्वर्यु रहेगा तो यज्ञ की पूर्णाहुति कैसी होगी? अंत में लहू बरसेगा– लहू...रक्त की वर्षा होगी।

नित्तिलाई : वो काम देवताओं का है अरवसु! करने दो वे जो करते हैं। बदला? तुम अपने परिवार को देखो। यवक्री अपने पिता

के अपमान का बदला लेता है तुम्हारी भाभी से। तुम्हारे पिता उसका बदला लेते हैं यवक्री की हत्या करके। तुम्हारा भैय्या हत्या करता है तुम्हारे पिता की। और अब तुम भी बदला ही लेना चाहते हो। इस चक्र का अंत कहाँ होगा अरवसु ?

अरवसु : तो मैं क्या करूँ ? हाथ पर हाथ धरे बैठ जाऊँ किसी कोने में नपुंसक की तरह ?

नित्तिलाई : तुम्हारा भाई नीच है इसलिए तुम भी नीच बन जाओगे। नीच होने से तो नपुंसक होना कहीं अच्छा है।

अरवसु : होना...?...नपुंसक होने में अब बचा भी क्या है ? सारे संसार की आँखों में घोर पापी हूँ मैं। हत्यारा ! एक सड़ांध भरी लाश।

नित्तिलाई : तो ठुकरा दो संसार को अरवसु ! तुम मेरे अरवसु हो। इतना बहुत नहीं क्या तुमको ! तुम भले मानस हो। बल्कि मैंने अपने पति का दिल दुखाया है। तुमने कभी किसी का मन नही दुखाया। हमें यह संसार नहीं चाहिए। हम अपना संसार ढूँढ़ लेंगे।

[अरवसु उत्तर नहीं देता। एक लम्बी तनाव-भरी चुप्पी। नित्तिलाई उठती है।]

नित्तिलाई : अच्छा, ठीक है। चलें ?

अरवसु : चलें ! कहाँ ?

नित्तिलाई : तुम्हारे भैय्या से मिलने। मैं नहीं चाहती कि तुम्हारे मन में रहे कि मेरे कारण तुम कायरों की तरह चले गए। चलो उसके पास चलते हैं।

अरवसु : (शांत होकर) तुमने ठीक कहा। वो मुझे पास फटकने भी नहीं देंगे। मैं पहले से ही जानता था। नहीं ? फिर क्यों मैं यूँ ही बवंडर मचाए हुए था ? क्या मैं उन्मादी हो रहा हूँ ? सिर फिर गया है मेरा ?

नित्तिलाई : इतना कुछ झेला है तुमने। मुझे तो अचरज है कि पूरे पागल नहीं हो गए तुम।

[अभिनेता प्रबंधक का प्रवेश।]

कर्तानट : वाह! वाह! रोगी के हाल में सुधार हुआ है।

नित्तिलाई : जी! आप ही की कृपा से! (अरवसु से) इन्होंने बचाया तुमको।

अरवसु : (कर्तानट से) बड़ा उपकार किया आपने।

कर्तानट : बचाया कहाँ! हमारा बुढ़ऊ तो चल ही बसा। हम उसे ही गाड़ने गए थे समशान तो तुम बिथरे पड़े थे अकड़े हुए। बस, ठंडे नहीं हुए थे। ताप से जल रहे थे। जिन बाँसों पर हम उस बूढ़े को ले गए थे वही तुम्हें वापस लाने के काम आ गये।

नित्तिलाई : आपका बुढ़ऊ चल बसा? ये तो बड़े दुःख की बात है। लेकिन उसने भी मरने का यही दिन चुना, ये हमारे लिए सौभाग्य की बात हो गई। अरे हाँ, आपके भाई के क्या हाल हैं?

कर्तानट : हाँ, उसका पाँव पहले से अच्छा है। आपकी दया से थोड़ा-थोड़ा घिसट लेता है। आपके हाथों का चमत्कार है।

नित्तिलाई : (प्रसन्न) चलो, अच्छा है। और ले आऊँगी कुछ ताजा जड़ी-बूटियाँ।

कर्तानट : (अरवसु की ओर संकेत करता है) अब वो अच्छा हो गया है तो हम लोग आज चल सकते हैं। (नाटकीय ढंग से अभिवादन करता है।) जैसी आज्ञा।

नित्तिलाई : हाँ, अगले कुछ ही घंटों में। मैं यात्रा के लिए कुछ सर-सामान का प्रबंध करके आती हूँ। (नित्तिलाई जाती है)

कर्तानट : वाह! क्या लड़की है—विलक्षण कन्या!

अरवसु : (अनमनस्क) ऊँ...ऊँ... ?

कर्तानट : अपने भाग सराहो कि वो लड़की यहाँ है।

अरवसु : (आकृष्ट और चकित) आपके कहने का अर्थ?

कर्तानट : मैं नहीं जानता, तुम इस लड़की के क्या लगते हो! मुझे जानकर भी क्या करना है! तुम दोनों के संसार बिलकुल

अलग-अलग हैं, इतना तो कोई मूरख भी देखकर पहचान सकता है। लेकिन समय बहुत ही उलटा-पुलटा चल रहा है। सो होने को कुछ भी हो सकता है। इसलिए मैं कुछ कहना नहीं चाहता। इतना बता दूँ कि इस नगरी में हर एक की जीभ पर तुम्हारा नाम तिनके-सा किरक रहा है। तुम्हारे प्राण मैंने नहीं बचाए, उसने बचाए हैं। मुझे तो बस तुम पड़े मिल गए थे और तुम भागवान थे कि थोड़ी देर बाद वो भी पहुँच गई और तब से वही तुम्हारी सेवा-सुश्रूषा कर रही है। तुम्हारी उल्टियाँ उसने धोईं-तुम्हारी हगनी-मूतनी सब। उसी ने सँभाला छोटे से बच्चे की तरह। मैं भी उसका उपकार नहीं भूलूँगा। मेरे बच्चे भी भूख से बिलबिलाते रहते थे। जब से वो आई है, हर दिन मेरे बच्चों को भी दो कौर खाने को मिल ही जाता है। वो कहाँ से लाती है, कैसे करती है, मैं नहीं जानता। लेकिन इन जंगलों को वह खूब जानती है। हम तो यह नगर छोड़ तभी चले जाते जिस दिन हमारा बुड्ढा मरा। अब क्या करें, इस छोरी पर निर्भर हो गए हैं हम तो। बस, थोड़े से भोजन, थोड़ी सेवा को और थोड़ा-सा हँसने भर को। हम उसको संग लेकर जाना चाहते थे लेकिन वो तुम्हारे बिना टस से मस नहीं होती। जब तक तुम अच्छे नहीं हो जाओ, तुम्हारे बारे में एक चिंता होती है मुझे। देखो, अच्छी लड़की है। उसका मन मत दुखाना कभी।

अरवसु : तुमने, बताया जब तुम अपने बूढ़े को गाड़ने के लिए गए थे तो मैं पड़ा मिला। तुम लोग अपने मरों को गाड़ते हो? चिता में जलाते नहीं?

कर्तानट : नहीं। क्योंकि हम लोग अभिनेता हैं, नट। हम लोग जाति से ही नट हैं। जब से प्रजापति ब्रह्मा ने हमारे पुरखों को नाट्यकर्म सौंप दिया था, अभिनेता नट अपनी देह के द्वारा जीता है। हमारी देह धरती की मिट्टी से बनी है। इसलिए जब हम मर जाएँ तो ये माटी धरती को लौटा

देते हैं।

अरवसु : लेकिन देह तो मिट्‌टी में सड़ेगी नहीं क्या ?

कर्तानट : अरे तो हम अपनी माँ के गर्भ में क्या थे ? कुछ डूबते-उतराते छोटे-छोटे मांस पिंड, रेंगते हुए कीड़े-नहीं ? जला देना तो नष्ट कर देना है। न माटी को कुछ मिलता है, न हवा को ही। वैसे अपने-अपने विश्वासों की बात है। मेरे पुरखे नट थे और इसलिए...

अरवसु : फिर तुम लोग यह नगरी छोड़कर जा क्यों रहे हो ?

कर्तानट : हम तो यज्ञ के आहुति के अवसर पर नटलीला दिखाने आए थे। लेकिन हमारे लिए यह नगर शुभ नहीं निकला। यहाँ आए–हमारा बुड्ढा मर गया। मेरे भाई की टाँग टूट गई।

अरवसु : (आवेश से) इतनी सरलता से छोड़ दोगे तुम ? अपनी कला के प्रति कोई कर्तव्य नहीं तुम्हारा ?

कर्तानट : ठीक कहते हो। है। शत-प्रतिशत है, किंतु अभिनय करने के पहले देह को भी तो भोजन चाहिए। सुना है, देवताओं के देह नहीं होती, लेकिन उन्हें भी आहुतियाँ और प्रसाद चाहिए। फिर वंदना। किंतु प्रदर्शन के बिना वंदना पूरी नहीं होती। और नट नहीं तो प्रदर्शन कैसे होगा ? मेरे पास नट पूरे नहीं पड़ रहे। इतनी-सी बात है सो क्या करूँ ? जाना पड़ रहा है।

[ऊपर के संवाद होते समय नित्तिलाई अपने रास्ते पर चलती जाती है। फिर एकाएक रुकती है। वो दो युवकों को देखती है जो अलाव के पास बैठे हैं चुपचाप और कुप्पा बने हुए। वो उन्हें देखकर डरती है। और पलट कर भागती है। दृश्य समाप्त होने तक वे दोनों लोग बैठे हुए दिखाई देते हैं।]

अरवसु : (संकोच से) क्या मैं...क्या मैं...एक बात पूछूँ ?

कर्तानट : चलो पूछ लो।

अरवसु : बुरा तो नहीं मानोगे ?

कर्तानट : बात क्या है ?

अरवसु : तनिक देख लो। मैं यदि नाचकर दिखाऊँ तो तुम देखकर बता सकते हो कि...

कर्तानट : तुम नाचोगे?

अरवसु : लगेगी तो मूर्खता की बात, फिर भी...

कर्तानट : लेकिन तुम ब्राह्मण वटु...

अरवसु : नहीं। मैं ब्राह्मण नहीं हूँ। अधिक समय मैं शिकारी निषादों, चरवाहों और गडरियों के बीच ही रहा।

कर्तानट : अच्छा, फिर कभी। हम लोगों को साथ-साथ यात्रा भी करनी ही है। सो इस समय तो मेरे सिर पर और भी बहुत-सी चिंताएँ हैं...

[अब तक अरवसु ने नाचना आरम्भ कर दिया है। आरम्भ में कर्तानट का ध्यान उसके नृत्य में कम है। किंतु जैसे-जैसे अरवसु नाचता जाता है, कर्तानट की आँखों में चमक बढ़ती जाती है और वह ताल देने लगता है।]

कर्तानट : भई इतना बुरा तो नहीं, बल्कि बिलकुल बुरा नहीं।

[वह भी उठकर नाचने लगता है। पहले धीमे, फिर तेज। अब कर्तानट पहल करता है। अरवसु उसका अनुसरण करता है। कर्त्तानट कभी-कभी अरवसु को छकाने की कोशिश करता है कठिन पदताल के द्वारा। अरवसु जुगलबंदी की चुनौती को स्वीकार करता है।]

कर्तानट : कहाँ सीख लिया यह सब तुमने ?

[अरवसु का आत्मविश्वास बढ़ता है। वह हँसता है। अपनी खोपड़ी पर ताल देकर उत्तर देता है और अधिक तीव्रता से नाचने लगता है।]

कर्तानट : बहुत हो गया अब। रहने दो। थकाओ मत अपने को। अभी-अभी तो उठ के खड़े हुए हो।

[दोनों बैठते हैं।]

अरवसु : हाँ...बहुत बुरा तो नहीं हूँ न ?

कर्तानट : बुरा ? क्या कहते हो तुम ?अरे बहुत ही अच्छे हो तुम तो ! तभी तो मेरी आँतें ऐंठी जा रही हैं।

अरवसु : क्यों ?

कर्तानट : अरे तुम तो सोना हो, सोना। दर्पण में प्रतिबिम्बित झलमल-झलमल।

अरवसु : ...अ...अ...समझा नहीं ?

कर्तानट : यज्ञ सम्पन्न होने से पहले तुम दो संवाद सीख ले सकते थे, और कोई भी नाट्य प्रस्तुत कर सकते थे। लेकिन मेरा भाग्य देखो। एक अकेला अभिनेता जिसको लेकर मैं यह काम कर सकता हूँ, वही यज्ञमंडप की परिधि में पैर नहीं धर सकता।

अरवसु : वह तो कोई समस्या न होगी।

कर्तानट : सो कैसे ?

अरवसु : मेरे विचार से भैय्या मुझे नहीं रोकेगा। समस्या तो यह है कि मैं ही अभिनय नहीं करूँगा।

कर्तानट : क्यों नहीं ? अभी-अभी तो तुम कह रहे थे...

अरवसु : यही बहुत है मुझे कि एक कलाकार ने मेरी सराहना कर दी। मुझे और नित्तिलाई को जाना चाहिए आज ही।

कर्तानट : किंतु हम सब तीन-चार दिन बाद...

अरवसु : नहीं। हमें जाना ही है आज।

कर्तानट : (निराश होकर) ओह !

[चुप्पी]

कर्तानट : अच्छा, स्यात हम किसी और नगरी में तो नाट्य कर सकते हैं ?

अरवसु : स्यात ?

[चुप्पी]

अरवसु : किसी दूर प्रदेश में। बहुत दूर।

[कर्तानट उत्तर में कुछ कहने ही वाला है कि तभी नित्तिलाई तेजी से आती है। वह घबराई हुई है।]

निततिलाई : अरवसु ! अरवसु !

अरवसु : नित्तिलाई !

कर्तानट : क्या हुआ ?

नित्तिलाई : मैं जा रही थी तभी मैंने उनको देखा रास्ते में। वो आग जलाकर बैठे थे घेरे में। वो मुझे नहीं देख पाए। अँधेरा था।

अरवसु : कौन ?

नित्तिलाई : मेरा भाई और मेरा घरवाला।

अरवसु : हे भगवान !

कर्तानट : ओह !

नित्तिलाई : मैं तो पलटकर सीधी भागी-भागी आई।

अरवसु : (आवेश में) हमें अब चल देना चाहिए तुरत। पौ फटने से पहले। हमें नगर-सीमा से निकल जाना चाहिए।

नित्तिलाई : नहीं, नहीं, वही तो बात है हम नहीं जा सकते। अभी नहीं।

अरवसु : क्यों ?

नित्तिलाई : देखो, उन्हें कुछ पता नहीं कि हम यहीं हैं। जभी तो उन्हें तीन दिन लग गए यहाँ आने में। कुटुम्ब-कबीलेवालों के यहाँ जगह-जगह ढूँढते रहे होंगे मुझे...

अरवसु : तो ?

नित्तिलाई : फिर भी सब इत्ता तो जानते ही हैं कि तुम यहाँ हो। इस नगरी में। अब जो तुम यहाँ से गुप्त हो गए तो वे तुरतई समझ लेंगे कि हम साथ ही साथ हैं। और वे पीछे लग लेंगे फिर।

अरवसु : फिर हमें क्या करना चाहिए ?

नित्तिलाई : मैं क्या बताऊँ ?

कर्तानट : ओह, तो यह बात है ! तभी तुम्हारी चाल-ढाल इतनी भेद-भरी थी ! मैं भी कहूँ, मुझे पहले क्यों नहीं बताया तुमने। हम बहुरूपिये हैं—तुम्हारी पूरी पहचान बदल दूँगा। ऐसा बना दूँगा कि तुम्हें कोई देख ही नहीं पाएगा।

अरवसु : वे आखेटक हैं–शिकारी। वे आँखों से देखते नहीं। सूँघकर पहचान लेते हैं। एक बार गंध मिल जाए तो फिर पाताल तक नहीं छोड़ेंगे तुम्हें।

नित्तिलाई : एक बात तो पक्की जानो अरवसु, तुम्हें यहीं रहना होगा–नगरी में। सबके सामने। वे दो-एक दिन देखेंगे और चले जाएँगे।

कर्तानट : वे अरवसु पर चोट नहीं करेंगे।

अरवसु : नहीं। मैं तो बाहरवाला ठहरा। (कटुता से) हर कहीं बाहर का।

नित्तिलाई : वे लोग मेरे पीछे पड़े हैं।

अरवसु : फिर तुम क्या करोगी ?

नित्तिलाई : मैं छिप जाऊँगी जंगलों के भीतर।

अरवसु : (क्रोध से) हम क्या कोई खेल खेल रहे हैं यहाँ ? मैं यहाँ, तू वहाँ...

नित्तिलाई : (अचानक गुस्से में कौंधती हुई) तू क्या समझता है, मैं मरना चाहती हूँ ? मेरा भाई और मेरा घरवाला मेरा शिकार कर डाले ? मैं क्या ये चाहती हूँ ? वे दोनों अलग-अलग आते फिर तो बात कुछ और ही होती। वे दोनों साथ-साथ आए हैं। आग जलाकर चुपचाप और सावधान बैठे हैं कान साधे हुए। हमारे लोग जब आखेट की टोह में होते हैं तो बोलते नहीं, केवल सुनते हैं। और मेरे पति के चेहरे पर मुस्कान नहीं थी, वो उदास बैठा था। इसी से डरी हुई हूँ अरवसु ! मैं भी जवान हूँ। मैं मरना नहीं चाहती।

अरवसु : मैंने तो सिर्फ इसलिए कहा कि इस नगर में रहना बहुत कठिन है। सबकी आँखें उठती रहेंगी। सब मुँह चिढ़ाते रहेंगे। जैसे मैं कोई अधम संतान हूँ !

कर्तानट : हमारी नटलीला में काम करो।

अरवसु : (चिढ़कर) एक कृपा करेंगे ?

कर्तानट : मैं गम्भीरता से कह रहा हूँ। यहाँ रुकना ही है तो मेरे

नाटक में काम कर लो।

अरवसु : यह देखो–

नित्तिलाई : (गुस्से से) क्या कहा आपने ?

कर्तानट : क्षणभर पहले यह नाच रहा था। क्या तो नाचा था ! यक्ष हो जैसे ! यज्ञ की सेवा में मैं इसको लेकर नटलीला पूरी कर सकता था किंतु इसने मना कर दिया।

नित्तिलाई : परावसु उसे कभी नहीं करने देगा।

अरवसु : परावसु ने स्वयं भी मेरा बहिष्कार किया। अब मैं अपनी जाति से बाहर हूँ। अब वो मुझे अभिनय करने से कैसे रोकेगा ? किंतु मैं गाऊँगा कैसे ? नाचूँगा कैसे ? जबकि तुम इतने जोखम में हो।

नित्तिलाई : मुझे कुछ नहीं होगा। ये जंगल मेरे लिए घर की तरह है।

कर्तानट : देखो भई, मैं तो स्वार्थी हूँ। हाँ, यदि मेरी नटलीला का प्रदर्शन हो जाए तो मुझे राज्य स्वीकृति मिलेगी। अगले छः महीनों के लिए मेरे बच्चों के भोजन की चिंता नहीं होवेगी। और फिर तुम अपनी भी सोचो। अगर लोगों में यह समाचार फैल जाए कि अरवसु पात्र प्रस्तुति कर रहा है तो उसे देखने के लिए लोगों की भीड़ लग जाएगी। सबके सामने नाटक का अभ्यास करोगे–खुल्लम-खुल्ला ? कोई कुछ नहीं समझ पाएगा।

[चुप्पी। वह इस प्रतीक्षा में है कि उसकी बात उसके भेजे में उतरे।]

नित्तिलाई : लेकिन इसने कभी अभिनय नहीं किया पहले। आपको यह भरोसा है कि ये निभा लेंगे ?

कर्तानट : देखो बहन, ये तो मेरा कौलिक कर्म है। मैं जानबूझकर अपना नाम थोड़े डुबाऊँगा। जो खेलना है वह नाटक भी तैयार है मेरे पास। हमने पक्का कर लिया था तभी वो बूढ़ा मर गया। 'इंद्र विजय'। 'भगवान इंद्र और वृत्रासुर संग्राम' का प्रसंग है इस नाटक में।

नित्तिलाई : (हँसती है) असुर ! तो अरवसु राक्षस का पात्र करेगा ?

(अरवसु से) क्यों, मैंने ठीक समझा ? (कर्तानट से) हाँ, उसे भी ऐसी विकराल और ऊटपटाँग वेशभूषा रूप धरना अच्छा लगता है–हुँकारना, कूदना, उछलकूद, कलाबाजियाँ।

अरवसु : पता नहीं कि तुम हँसोगी कि रोओगी !

कर्तानट : वाकई ! अर्थात उसे राक्षस वृत्रासुर का नाट्य करना है। नायक की भूमिका मैं करूँगा–भगवान इंद्र की। वृत्रासुर की भूमिका करनेवाले नट को अधिकतर नाचना होगा। और मेरा भाई अब नाच नहीं सकता। तुम्हें पता है कि उसका पाँव...और ये ब्राह्मण है।

अरवसु : नहीं, मैं ब्राह्मण नहीं।

कर्तानट : कम से कम तुम्हें मूल उच्चारण तो नहीं सिखाना पड़ेगा।

[चुप्पी]

कर्तानट : सोच लो। मैं जाकर वृत्रासुर की वेशभूषा का प्रबंध करता हूँ। तुम तैयार हुए तो हम झटपट अभ्यास आरंभ कर देंगे। (प्रस्थान करता है।)

अरवसु : अब मैं क्या करूँ नित्तिलाई ?

नित्तिलाई : तुम्हारा अपना क्या मन है ?

अरवसु : उसने जो कहा सो ठीक ही कहा। वैसे तो किंतु...

नित्तिलाई : कर लो सोचो मत।

अरवसु : मुझे डर लगता है।

नित्तिलाई : काहे का डर लगता है ?

अरवसु : मेरा अपना ही चेहरा, एक बार मैं बहुत बीमार था तो प्रायः एक दुःस्वप्न देखा करता था। और मैं चीख पड़ा था–मेरा चेहरा ! मेरा प्रतिबिम्ब, मेरा चेहरा ! मेरा प्रतिबिम्ब, मेरा चेहरा।

नित्तिलाई : उससे कब तक मुँह मोड़ेगे ? सामना करो। अपने भाई का सामना करो, अपने मन के मुताबिक।

[वह नित्तिलाई को चकित भाव से देखता है।]

नित्तिलाई : घृणा से नहीं अरवसु, नाट्य से। उसे दिखा दो कि तुम कितने अच्छे अभिनेता हो। मुझे विश्वास है कि नटलीला

होगी तो उसमें भय और क्रोध सभी धुल जाएँगे।

[अरवसु हामी में सिर हिलाता है।]

अरवसु : ठीक है।

नित्तिलाई : अब मैं चलूँगी। पौ फटने को है।

अरवसु : नी...।

नित्तिलाई : क्या बात है?

अरवसु : ऐसा नहीं हो सकता कि तुम किसी भी तरह उस दिन मेरा नाटक देखो? तुम होगी तो मेरी हिम्मत बँधी रहेगी।

नित्तिलाई : मेरा भी मन है कि मैं ऐसा करूँ; किंतु बड़ा जोखम है इसमें। खेल पूरा होते ही तुम इधर आ जाना। रात में। बहुत भीड़-भाड़ होगी। हम यहीं पर मिलेंगे और फिर साथ-साथ निकल जाएँगे। (वह बेमन-सी जाने को खड़ी होती है।) अच्छा है, तुम इंद्र नहीं बने हो। तुम लोगों का वो देवता मुझे बिलकुल अच्छा नहीं लगता।

अरवसु : क्यों?

नित्तिलाई : अमर जो है वो। जब कोई मरता नहीं तो वो कोई भी बात जान कैसे सकता है? वो अपने-आपको बदल भी नहीं सकता। वो कुछ बना भी नहीं सकता। मुझे वृत्रासुर पसंद है। क्योंकि जब वो जीतता है तो मृत्यु का वरण करता है। मैं सोचा करती हूँ, यदि फूलों को यही न पता हो कि वो एक दिन मुरझाएँगे तो फिर क्या वो कभी खिलेंगे भी या नहीं!
(उठती है) अब तो मुझे चलना ही होगा।

अरवसु : नित्तिलाई, ऐसा नहीं हो सकता कि तुम यहीं छिप जाओ—नगरी में ही कहीं भी।

नित्तिलाई : नहीं। अच्छा रहेगा, तुम भी न जानो कि मैं कहाँ हूँ। (चलने को होती है।)

अरवसु : जाओ नहीं, मैं...

नित्तिलाई : अपने अभ्यास पर ध्यान धरो। सीखो। मुझे विश्वास है, तुम कमाल करोगे। मुझे विश्वास है, तुम नाचोगे और

बरखा होने लगेगी ...विदा अरवसु।

अरवसु : नित्तिलाई...!

[वह मुस्कराती है और चली जाती है। अरवसु उसकी दिशा में खोया-सा ताकता रहता है। कर्तानट जो दूर खड़ा प्रतीक्षा कर रहा था, वृत्रासुर का मुखौटा और वेशभूषा लेकर प्रवेश करता है।]

कर्तानट : यह लो। ये वृत्रासुर का मुखौटा है। अब अपने आप को समर्पित कर दो इस मुखौटे को। समर्पित हो जाओ और इसी में चेतन को भरो। हाँ, इतना ध्यान रहे, ज्योंही तुम मुखौटे को जीवंत करते हो तो उस पर तुम्हें नियंत्रण भी साधना होगा। नहीं तो मुखौटा ही तुम पर चढ़ बैठेगा। वह तुम पर शासन करने लगेगा और तुम्हें चाहिए कि ऐसा न होने दो। न उससे शक्ति लो ना ही उसमें अपनी शक्ति जाने दो। केवल इसके सामने ध्यान लगाओ। फिर वृत्रासुर का आह्वान करो। उसकी रूपरेखा और कर्त्तव्यों का मनसा अनुसंधान कर लो।

[अरवसु वस्त्राभूषणों की पोटली खोलता है, जैसे कि वह किसी सम्मोहन में हो! नट इन्द्र की पोशाक पहनता है।]

अरवसु : वृत्र ! वृत्रा ! अकालों का असुर। नदियों को अपने उदर में निगलकर छिपा लेने वाले दानव आ मुझे भर। मैं एक कीट हूँ। अब बन जाने दे मुझको सर्प-अहि। आ मेरा जबड़ा बड़ाकर कि मैं इन्द्र को निगल जाऊँ। मुझे जठराग्नि दे ऐसी कि इन्द्र को पचा जाऊँ।

[आलोक बदलता है]

उपसंहार

[धीरे-धीरे अरवसु मुखौटा पहनता है। नाटक का दृश्य चलता रहता है। राजा, परावसु, पुरोहित और सभी देख रहे हैं। उनके पीछे है नागरिकों और जनजातियों की पंक्ति जो यज्ञ में अकाल पीड़ित क्षेत्रों से आए हैं। भोजन सामग्री और दान लेने के लिए। ऊँचा ढोलवादन का स्वर और अचानक सन्नाटा। अरवसु चीत्कार का शब्द करता हुआ उछल पड़ता है। तेज भयानक नृत्यगति। दर्शक भी उत्साह से प्रतिक्रिया करते हैं। नाटक लीला चलती है। कर्तानट इंद्र के वेश में एक ओर से प्रवेश करता है और दूसरी ओर से विश्वरूप का भेष धरे दूसरा अभिनेता प्रवेश करता है। विश्वरूप का अभिनय करने वाला नट लँगड़ाता है। इसलिए वह केवल मुद्राएँ दिखाता है। वृत्रासुर उसके पास जाकर उसे बाँहों में भरता है।]

विश्व : परम प्रिय बंधु वृत्र !

वृत्रा : मेरे प्यारे भाई विश्व।

[इन्द्र दूर से ही देखता है और फिर दर्शकों को संबोधित कर बोलता है।]

इंद्र : चाहे जो भी हो, इंद्र तो मैं हूँ। देवताओं का अधिपति। अत: तीनों लोक में सर्वश्रेष्ठ मुझे ही होना चाहिए न ? प्रजापति ब्रह्मा सारी सृष्टि के जनक हैं। उन्होंने ही मुझे भी जनम दिया। उन्हें चाहिए था कि वे इन सभी क्षेत्रों में भी मुझे ही अप्रतिम बना दें। और मेरे सभी विरोधी सुर किन्नर आदि को नष्ट कर दें। मुझे खेद है कि वे धरामंडल

के प्राणी से प्रेम कर बैठे। और पृथ्वी पर जो उनका मनुष्य-योनि में पुत्र हुआ उसे ही उन्होंने मानव देहधारियों का सम्राट बना दिया। वही है यह विश्वरूप। सभी उसकी स्तुति करते हैं। प्रशंसा के गीत गाते हैं। उसका ज्ञान और उसकी मृदुता, गाथा और वाङ्मय में उसकी पटुता प्रेम का ऐसा वरदान है कि जिसके समक्ष मैं ग्रहण लगे चाँद-सा हो जाता हूँ। सब लोकों पर मेरी प्रभुता के लिए संकट बन गया है वह। उसने मेरे मन की शांति नष्ट कर दी है। मैं उसे नष्ट करूँ तो कैसे ?

वृत्रा : भैय्या विश्वरूप, आशा है आप सकुशल हैं।

विश्व : भैय्या वृत्रासुर ! जब आपका वरदहस्त मेरी पीठ पर है तो मुझे किसका डर ?

इंद्र : सुना तुमने ! मेरे पिता ने राक्षस लोक की नारी से भोग किया और इस पर उनका एक तीसरा पुत्र और भी हुआ–वृत्रासुर राक्षस। उसे उन्होंने पाताल लोक का अधिपति बना दिया, और उसे आदेश दिया कि हे पुत्र वृत्रासुर, भूपति विश्वरूप तुम्हारा ही भाई है। तुम्हें इसकी प्राण देकर भी रक्षा करनी होगी। क्योंकि इंद्र उस पर घात करने के प्रयत्न अवश्य करेगा। इसीलिए ये दोनों–विश्वरूप और वृत्रासुर अलग नहीं किए जा सकते, आपने देखा है। मैंने इंद्रलोक की मोहिनी अप्सराओं रंभा, उर्वशी, मेनका को भी भेजा कि वे विश्वरूप को मोहित कर एकांत में ले जाएँ, किंतु उसने उस राक्षस को अपने से विलग नहीं होने दिया। कैसे विलगाऊँ उन्हें एक-दूसरे से ? कैसे कर दूँ इस विश्वा को अकेला–एकांगी ?

[सोचने लगता है।]

इंद्र : हाँ, सूझा एक उपाय है। (एक आँख से कनखी मारते हुए मंच की परिक्रमा करता हुआ विश्व के निकट आता है।) भैय्या विश्वरूप !

विश्व : मेरे प्रिय भ्राता, इंद्र, प्रणाम करता हूँ।

इंद्र : शुभमस्तु ! विश्वरूप ! इस महाअग्नि यज्ञ का अनुष्ठान मैंने किया है। त्रिलोकों से सभी देवता और उत्तम पुरुषों को आमंत्रित किया है। तुम भी अवश्य पदार्पण करो।

विश्व : अवश्य-अवश्य ! आप मेरे अग्रज हैं। आपके अनुष्ठान में आने के लिए मुझे निमंत्रण भी क्यों चाहिए भला ! यूँ भी समाचार मिलता तो मुझे तत्काल आना ही था।

इंद्र : अहा, तुम्हारा भ्रातृ प्रेम वर्णनातीत है। आओ, यज्ञ-मंडप में प्रवेश करो !

[विश्व प्रवेश करने को है। उसके पीछे-पीछे है वृत्रासुर।]

इंद्र : नहीं विश्वरूप, सावधान ! तुम्हारा स्वागत है। किंतु वृत्रासुर जो तुम्हारे साथ-साथ है यज्ञभूमि में, उसका प्रवेश वर्जित होगा।

विश्व : ऐसा क्यों तात ?

इंद्र : क्योंकि वह दानव है। राक्षस है।

विश्व : किंतु तात, वह भी हमारे ही पिता की संतान है। हमारा भाई है और हमारे पिता की भाँति वह भी तो ब्राह्मण हुआ।

इंद्र : उसकी माँ राक्षसी थी। दानव-योनि में जिसका जन्म हुआ उसे वेदिका के निकट जाने का अधिकार नहीं है। ये नियम-विधान हमसे भी प्राचीन हैं। हम उसे बदल नहीं सकते।

विश्व : तथास्तु ! (वृत्रासुर से) प्रिय भ्राता, वृत्रासुर, तुम यहीं प्रतीक्षा कर लो। जब तक मैं अंदर भीतर जाता हूँ।

वृत्रा : प्रिय भाई, हमारे पिता प्रजापति ने मुझे इसीलिए तो रचा था कि मैं तुम्हारी सदा रक्षा करूँ। मुझे अपने संग आने दो। यह इंद्र बड़ा छली है।

विश्व : भ्राता वृत्रासुर, चिंता क्यों ? मैंने अपने तप के बल इंद्र से वचन ले लिया है, जिस कारण वह मुझ पर आघात नहीं करेगा।

वृत्रा : देवताओं का विश्वास नहीं करना चाहिए। कभी नहीं।

[दर्शकवृन्द की हँसी।]

यह सत्य है कि देवता गीर्वाणी भाषा बोलते हैं किन्तु उन्हीं शब्दों में उनका अर्थ कुछ और होता हमारा अर्थ कुछ और। (हँसी) यहाँ तक कि देवता लोग दो-दो अर्थ दे सकते हैं एक मौन को। इसीलिए तो कहते हैं न–तैंतीस देव छियासठ नाम। (और भी हँसी गूँजती है। तालियाँ बजती हैं। कर्तानट इन्द्र के रूप में नाचता है। और खुश होता हुआ सिर हिलाता है।)

विश्व : किन्तु वृत्र, मैं अपने भ्राता के निमन्त्रण की उपेक्षा नहीं कर सकता। अत: हे भ्राता, तू मुझे प्रवेश करने दे।

वृत्रा : भैय्या, मैंने तुमसे पहले ही अनुरोध किया था, पर आपने मेरी एक न सुनी। यही है राक्षस होने का परिणाम। अच्छा, तो यही होने दो। मैं इसी द्वार पर प्रतीक्षा करूँगा आपकी। शीघ्र ही वापस आइए।

[वृत्रासुर झुँझलाहट में पैर पटकता है और चिंतित मुद्रा में लीन हो जाता है। दर्शक उस पर मुग्ध होते हैं। तालियाँ बजाते हैं। विश्व मंच की परिक्रमा करता जाता है, जिससे दर्शकों को यह लगे कि वह लम्बी यात्रा कर रहा है।]

अरवसु : नित्तिलाई, मैं क्या जानता था, ऐसा भी हो सकता है! मुझे लगता है, जैसे दर्शक समाज मुझे छू लेना चाहता है। उनका स्नेह, उनके भाव मेरी ओर लहरियों की तरह उमड़ रहे हैं। इसी पल की प्रतीक्षा में तो मैं आजीवन था। किंतु अब अचानक मुस्कुराती आकृतियों का यह उफनाता सागर! अब अचानक मुझे उसका कोई चाव नहीं रहा। तुम कहाँ हो? जंगल में? अकेली? तुम्हारी स्मृति से मेरा हृदय कंपित है।

[अब तक विश्व अपनी परिक्रमा पूरी कर चुका है और इंद्र के यज्ञमंडप के पास पहुँच चुका है।]

विश्व : हे अग्रज भ्राता इंद्र, अब मैं आपके यंज्ञमंडप में प्रवेश करता हूँ।

इंद्र : (हँसता है) आओ-आओ! पधारो! मैं भी यज्ञशाला में तुम्हारा यथोचित स्वागत करता हूँ। आओ, और यज्ञ वेदिका के निकट आसन ग्रहण करो और देवताओं को हवि दो।

[विश्व बैठने का एवं अग्नि में हवि आदि चढ़ाने का नाट्य करता है। इंद्र बिना स्वर किए हँसता है और उसके पीछे जाता है और अपना वज्र निकालता है। और फिर निशाना बाँधकर विश्व की पीठ पर आघात करता है। विश्व चीत्कार करता है। इधर परावसु जो अब तक तल्लीनता से देख रहा था, उछलकर खड़ा हो जाता है। मंच पर और सभी जड़वत स्थिर हो जाते हैं।)

परावसु : नहीं-नहीं, यह गलत है।

ब्रह्मराक्षस : क्या गलत है ?

परावसु : ये कुछ नहीं जानते मूर्ख! भगवान इंद्र उसका विश्वासघात नहीं करना चाहते थे।

ब्रह्मराक्षस : तो फिर ?

परावसु : वह डर गए थे।

ब्रह्मराक्षस : डर गए थे ? क्यों ?

परावसु : वेदिका के निकट एक चेहरा। किसका चेहरा था वह भला ? मेरे मृतक पिता का अथवा मेरे भाई का ? वह भोला-भाला है, किंतु जानता सब कुछ है। या वह मुखाकृति स्वयं मेरी ही थी ? मेरी अँतड़ियों से एक वज्र सी लहर उठी जिसका कोई अर्थ नहीं था। और चीर गई उसकी अँतड़ियों को। और जब उसकी चेतना आई तो एक स्वर सुनाई दिया। कोई पूछ रहा था–'तू कौन है ?' मेरा अपना ही स्वर। अब और कोई विकल्प न था। आगे बढ़कर आक्रमण करना ही था। अब तक कहाँ छिपा था उसका

भय ? मेरे ही भीतर। एक वन्य पशु की तरह ! क्या देवता राक्षस बन जाते हैं, जैसे यज्ञ संपन्न होने को होता है।

ब्रह्मराक्षस : तो अब मुझे जाना चाहिए।

परावसु : (अचम्भे से) कहाँ ?

ब्रह्मराक्षस : कहीं और सहायता की खोज में।

परावसु : मैं तुम्हारी सहायता करूँगा। हाँ, मैं कर सकता हूँ।

ब्रह्मराक्षस : तुम तो अपनी समस्याओं में ही गहरे उलझे हो भ्राता ! मुझ पर भरोसा करो। ठहरो।

[राक्षस विलीन हो जाता है। परावसु चीखता है।]

परावसु : वापस आ जाओ राक्षस !

[रंगमंच जो अब तक पूरी तरह स्थिर था, फिर से जीवंत हो उठता है। परावसु के चीत्कार से घबराए हुए दर्शक उसकी ओर ताकते हैं। अरवसु अपने भैया का स्वर सुनकर उधर उन्मुख होता है। चकरी खाकर पीछे हटता है। इंद्र फिर से आघात करता है।]

विश्व : भैय्या ! आपने भी ? क्यों तात ? मैंने आप पर विश्वास किया था।

वृत्रा : वह किसका स्वर है ? किसका क्रंदन ?

[इंद्र का कुटिल अट्टहास।]

विश्व : भ्राता, यह विश्वासघात क्यों ? कहो तो।

वृत्रा : क्यों बंधु, क्यों ? क्यों ? क्यों ? भ्राता क्यों, क्यों ? यह इंद्र का अट्टहास क्यों ? क्यों यह गिद्धों का मँडराना ? बाज और चीलें ! सब यज्ञ मंडप के ऊपर झपटने को आतुर घूम रहे हैं ! आकाश का हृदय बेध रही हैं उनकी चीत्कार ! क्यों ? उनकी चक्रित उड़ानों से आकाश गोल-गोल घूम रहा है। वेदिका-मंडप से लहू की धारा भभककर फूट पड़ी है...जंगली भय ही लाल भभूका हो जैसे।

[वह वेदिका-मंडप में प्रवेश करने का नाट्य करता है। विश्वा मरने-मरने को है।]

वृत्रा : एक और विश्वासघात ! एक और घिनौनी मृत्यु ! कब तक

चलेगी यह अकाल मरण की परंपरा ऐसे ? मेरे चरणों के चारों ओर रेंग रहे हैं चूहे, रक्त का वमन करते हैं। कब तक ? अब इस षड्यंत्र को समाप्त करना ही होगा मुझे। वह कपटी इन्द्र। वही है इन सबका कारण। तो सुनो इंद्र...अब नहीं बचेगा तू...

[इंद्र पर इतनी निकटता से आक्रमण करता है कि कर्तानट भी सकते में आ जाता है। द्वंद्व युद्ध होता है। कर्तानट स्फूर्तिवान है और द्वंद्व में प्रशिक्षित भी है। किंतु वृत्रासुर की हिंसा से वह घबरा जाता है। भाग खड़ा होता है। वृत्रासुर उसका पीछा करता है।]

वृत्रा : इंद्र, तुम मुझे छल तो सकते हो किंतु बच नहीं सकते। निन्यानवे नदियों के ऊपर से बाज की तरह उड़कर भाग सकते हो। फिर भी मैं तुम्हें पकड़ ही लूँगा। मैं तुम्हें नष्ट कर दूँगा। तुम्हारे इस अशुद्ध अनुष्ठान और यज्ञ का ध्वंस करूंगा मैं।

[वह लपककर निकट के रक्षक के हाथ से मशाल छीन लेता है और फिर वास्तविक यज्ञ-मंडप की ओर दौड़ पड़ता है।]

वृत्रा : मैं इस सत्र को भस्म कर दूँगा।

कर्तानट : नहीं-नहीं, ऐसा नहीं! उस दिशा में मत जाओ। रोको उसे-रोको! ईश्वर के लिए कोई तो रोको!

[दो-तीन अंगरक्षक अरवसु को रोकने का यत्न करते हैं किंतु उसे वश में नहीं कर पाते। वह अग्निकाष्ठ को तीव्रता से भाँपता है और पैंतरा बदलकर अचानक एक अंगरक्षक के कमर से दुधारी खींच लेता है। अंगरक्षक इस अभिनय से घबराकर पीछे हट जाता है।]

अरवसु : मैं ब्राह्मण हूँ। यदि तुमने मुझे रोका तो मैं आत्मघात कर लूँगा। तुम सबके सिर ब्राह्मण-हत्या का पाप लगेगा। मैं

राक्षस हूँ। जो भी मेरे पथ में बाधा बनेगा, वध कर दूँगा मैं उसका। कहाँ है इंद्र ?—इंद्र—

[वह यज्ञमंडप की ओर दौड़कर जाता है। अंगरक्षक उसके पीछे-पीछे दौड़ते हैं। चतुर्दिक कोहराम।]

कर्तानट : यह मुखौटा है, मुखौटा। मुखौटा जीवंत हो उठा है। उसका विसर्जन नहीं किया तो अनाहूत प्रलय होगी।

सम्राट : उसको रोको। उसको रोको।

अंगरक्षक : (यज्ञमंडप की ओर दौड़ता हुआ) किंतु वह मनुष्य नहीं है स्वामिन ! उसके तो पैर ही धरती पर नहीं पड़ रहे। धुएँ के ऊपर-ही-ऊपर हवा में तिरता है—मायावी राक्षस। पलक झपकते ही धूम्रवलय में विलीन भी हो जाता है वह।

[अचानक भूखे और दुर्बल कंगाल ग्रामवासी जो यह दृश्य देख रहे थे, भीड़ में से उठकर जलते हुए मंडप की ओर दौड़ने लगते हैं। भगदड़ और हलचल।]

कई ब्राह्मण : अनर्थ ! अनर्थ ! ये सब राक्षस यज्ञभूमि को भ्रष्ट कर रहे हैं। हविश और नैवेद्य ये लोग भक्षण कर रहे हैं। यज्ञवेदिका धूलधूसरित कर रहे हैं यह ।

सम्राट : अध्वर्यु—अध्वर्यु—महापुरोहित।

[परावसु जो इस हलचल को देख रहा था, एक शब्द भी कहे बिना जलते हुए मंडप में प्रवेश कर जाता है। उसी क्षण एक ओर से नित्तिलाई का दौड़ते हुए प्रवेश।]

नित्तिलाई : अरवसु...

[वह भी दौड़ती हुई जलते हुए मंडप में जाती है। थोड़ा सन्नाटा। भीड़ में लोग चकरियाँ खा रहे हैं। मंडप जो सूखे बाँसों और लकड़ियों का बना है, आग की लपट में चटख रहा है। नित्तिलाई अरवसु को सहारा दिए बाहर आती है और कोमलता से उसका मुखौटा उतार देती है।]

निात्तिलाई : बस, अब सब ठीक हो जाएगा। अब चिंता नहीं।

अरवसु : जाने मुझ पर क्या सनक सवार हुई थी नित्तिलाई ! अब कुछ भी स्मरण नहीं।

नित्तिलाई : हो गया न, बस भी करो। ऊपर वाले ने बचा लिया तुमको।

अरवसु : किंतु नित्तिलाई, मैं हार गया...जीत गया परावसु। वहाँ उस वेदिका-मंडप के सामने निर्भय बैठ गया वह। और यज्ञ होम करता रहा। यज्ञ की ज्वाला में आहूत हो गया वह और मैं केवल देखता रह गया। मैं उसे नष्ट नहीं कर सका।

नित्तिलाई : अ श...श...श, तुम कभी उसे नष्ट करना भी नहीं चाहते थे। चुप रहो अब ! चलो, यहाँ से चलें। इस सबसे परे।

अरवसु : हाँ, चलो। हम चलें। मुझे छोड़कर मत जाना।

नित्तिलाई : दैया ! कैसे तो बुद्धू बच्चे हो तुम ! तुम्हें कहाँ छोडूंगी भला ! चलो-चलो !

[अचानक नित्तिलाई का भाई, उसके साथ एक और पुरुष, जो नित्तिलाई का पति है, भीड़ से निकलकर उनका रास्ता रोक लेता है। नित्तिलाई चीखती है।]

अरवसु : नहीं ! सुनो, मेरी बात तो सुनो !

नित्तिलाई : ऐसा न करो भैय्या ! दया करो ! अच्छा, यजमान, तुम्हीं सोचो।

[नित्तिलाई का भाई अरवसु को धरती पर पटक देता है और जकड़ देता है। इस बीच नित्तिलाई का पति उसको बालों से पकड़ लेता है। अपनी बगल से तीक्ष्ण कृपाण निकालकर एक झटके में नित्तिलाई का गला काट देता है। फिर नित्तिलाई को वहीं ढेर हो जाने देता है। नित्तिलाई का भाई और पति चले जाते हैं। अरवसु उठता है। जल्दी से नित्तिलाई की ओर जाता है, उसे अपनी बाँहों में उठाता है। वह बेजान पड़ी है–आँखें खुली हुईं। रक्त बह रहा है। बलि चढ़ाए

पशु-सी वह धीरे-धीरे मर रही है। कोहराम मचा था जो धीरे-धीरे शांत हो जाता है। अरवसु विवश, कातर ताक रहा है नित्तिलाई के शव को।]

अरवसु : यह अंतिम अभियोग है। अब इससे मुक्ति नहीं। मेरा ही आखेट हुई नित्तिलाई। नित्तिलाई, देखो, ज्वाला अब भी धधक रही है। आहूति में मुझे स्वीकार नहीं किया उसने। संभव है, तुम्हारे साथ प्रवेश करूँ मैं तो देवों को स्वीकार हो जाए!

[अरवसु उठा लेता है नित्तिलाई के शव को—अपने कांधे धर कर उसकी मृतदेह वेदिका मंडप में प्रवेश करता है जहाँ अब भी लपटें उठ रही हैं। यह सब कुछ देख रहा है चुपचाप जनसमूह। वह जलते ढाँचे के बीच जा खड़ा होता है। धीरे-धीरे लपटें धीमी होने लगती हैं। एक सुरीला संगीत उठता है। सूर्य का आलोक पड़ता है कोमल और मृदुल—सारे वातावरण में एक अलौकिकता छा जाती है। आकाशवाणी होती है! मेघराज इंद्र का स्वर।]

इंद्र : वत्स अरवसु, शोक मत करो। हम देवलोकवासी तुमसे प्रसन्न हुए। माँगो, वरदान माँगो।

अरवसु : (विभ्रमित) कौन है? यह कौन है?

इंद्र : इंद्र हूँ मैं। देवताओं का अधिपति देवेंद्र। आज तो सारा देवलोक प्रसन्न है तुमसे।

अरवसु : इंद्र! भला इंद्र से मुझे क्या लेना-देना? मैंने तो किसी इंद्र या किसी देवता को नहीं बुलाया। मैंने तो सिर्फ मृत्यु बुलाई थी—आप क्यों आ गए?

इंद्र : (हँसता है) वाचाल! मृत्युलोक के प्राणियों को देवताओं का वरदान अथवा दर्शन मिलें तो उन्हें प्रसन्न होना चाहिए। अथवा उनसे प्रश्न करना चाहिए?

अरवसु : मैंने तो कुछ भी नहीं किया कि आप वरदान दें।

इंद्र : यूँ समझो कि तुम्हारे अभिनय ने हम सबको मोह लिया।

उतना ही द्रवित किया जितना परावसु की आहूति ने अथवा नित्तिलाई की मनुष्यता ने। दैवी कार्यकलापों की व्याख्या मानवीय तर्कभूमि पर नहीं की जा सकती। बस, इतनी-सी बात है कि हम यहाँ आ गए हैं और तुम जो चाहो, माँग सकते हो।

भीड़ के लोग : बरखा, अरवसु, बरखा माँगो--! बरखा ! पानी ! जल !

अरवसु : (धीमे-धीमे) देवराज इंद्र, मुझे और कुछ नहीं चाहिए। बस, मेरी नित्तिलाई चाहिए जीवित।

भीड़ के लोग : पानी, अरवसु, पानी ! बरखा माँगो, बरखा !

इंद्र : नित्तिलाई को फिर से जीवित करना कोई बड़ी बात नहीं। किंतु समय का पहिया उलटा घूमेगा—तो जाने कहाँ रुकेगा। फिर नित्तिलाई के साथ-साथ और भी तो बहुत होंगे जो फिर से जीवित हो उठेंगे। तुम्हारा भाई परावसु, तुम्हारे पिता और हाँ, यवक्री भी तो।

अरवसु : हाँ, आने दो उन सबको। आने दो।

[एक विचित्र-सा स्वर तैरने लगता है। वायुमंडल में काँपता है निनाद। प्रेतात्माएँ चलने लगती हैं और आते हैं नित्तिलाई, परावसु, रैभ्य, यवक्री, अंधक और भी बहुत-बहुत से मृतक। फिर से मुर्दों की भीड़ चलने लगती है। प्रेतिल आत्माओं से पूरा मंच भर जाता है। अरवसु उनसे घिर जाता है। वह देखता है उन सबको और पुकारता है—आनंद के उन्माद से।]

अरवसु : नित्तिलाई, नित्तिलाई ! भैय्या ! पिता ! और तुम सब कौन हो चारों ओर—तुम सारे के सारे ? हे ईश्वर...

इंद्र : अरवसु, तुम्हारे संबंधी मरे थे जिस क्षण, उसी क्षण इस धरती पर अनेकों प्राणियों की मृत्यु हुई थी। काल का चक्र यदि पीछे जाएगा तो वह सब भी तो जीवित होंगे फिर से साथ-साथ !

अरवसु : हाँ-हाँ, हो जाने दो संसार को वैसा, जैसा वह था।

इंद्र : अरवसु, यदि ऐसा हुआ तो वे सारी दुखद दुर्घटनाएँ भी तो

फिर से होंगी। नहीं ? उस सारी पीड़ा और संत्रास को फिर से भुगतेगा हर कोई। क्या लाभ होगा ?

अरवसु : नहीं-नहीं, ऐसा नहीं होगा देवेंद्र ! मैं तो सारा जीवन मूर्ख ही रहा। मेरी नासमझी से वह सारी पीड़ा और त्रास उत्पन्न हुए। किंतु अब तो अनुभवों की हिमानी शीतलता से तैर चुका हूँ मैं, अब तो थोड़ा समझदार हो चुका हूँ। इस संत्रास को दोहराने से रोक सकता हूँ मैं। मैं जीवन में खोया अर्थ भर सकता हूँ अब तो। इतना आत्मविश्वास है।

इंद्र : अच्छा तो फिर ऐसा ही...

[उसी क्षण दूर से राक्षस का स्वर सुनाई देता है।]

राक्षस : अरवसु !

अरवसु : यह किसका स्वर है ?

राक्षस : मैं हूँ, ब्रह्मराक्षस। तुम्हारे पिता ने मेरा आह्वान किया था। यवक्री को मारने का आदेश दिया उन्होंने मुझको। मैंने आदेश का पालन किया। कर्तव्य पूरा किया मैंने और अब मैं निर्गतिक भटक रहा हूँ दुर्गति। कष्ट भोग रहा हूँ। अरवसु, तुम मेरी सहायता करो !

अरवसु : तुम क्या चाहते हो ?

राक्षस : मुक्ति चाहिए इस बंधन से, मुक्ति ! शांति–अनंत शांति–

अरवसु : सुन रहे हो देवेंद्र ?

इंद्र : अरवसु, समय का चक्र मुड़ेगा ही मुड़ेगा यदि नित्तिलाई को फिर से आना है। यदि राक्षस को मुक्त करना है तो इस चक्र को आगे घुमाना होगा। यह चक्र एकसाथ दोनों ओर नहीं चल सकता। निर्णय करो।

अरवसु : **(निसहाय होकर राक्षस से)** तो तुम देख रहे हो, मैं कुछ नहीं कर सकता।

राक्षस : कर सकते हो अरवसु, तुम कर सकते हो। मुझे यूँ छोड़ो मत।

इंद्र : एक और बात सुनो अरवसु–पूर्ण मुक्ति तो देवताओं के हाथ में भी नहीं। एक महानियम है ऋत, वह हम

देवताओं के वश में भी नहीं। हाँ, मैं जन्म और मृत्यु से मुक्त होने का वरदान तुम्हें दे सकता हूँ; किंतु बहुत सम्भव है कि यह वरदान फलित न हो। ऐसे में यह राक्षस यूँ का यूँ रह जाएगा, और नित्तिलाई भी तुम्हें नहीं मिलेगी।

अरवसु : सुना तुमने ? मोक्ष का वरदान इन्द्र भी नहीं दे सकता। किन्तु मुझे चाहिए नित्तिलाई। इसलिए मुझे क्षमा करो।

राक्षस : मैं क्षमा नहीं करता। कर सकता भी नहीं। मेरे पास केवल यातना है। किंतु तुम मनुष्य हो--तुम्हारे पास दया का गुण है। पीड़ा और वेदना को तुम समझ सकते हो। देवता तो नहीं समझ सकते।

अरवसु : मत सुनाओ यह सब मुझको, नहीं सुनना। चले जाओ, चले जाओ यहाँ से !

राक्षस : नित्तिलाई फिर जीवित हुई तो उससे क्या कहोगे ? यही न कि उसके कारण एक आत्मा पीड़ा में घुल रही है।

अरवसु : चुप करो, इसमें उसका कोई दोष नहीं।

राक्षस : नित्तिलाई ने तुम्हारी सहायता की। क्योंकि उसे तुमसे स्नेह था। वो अवश्य मेरी सहायता भी करती। यह जो मृत्यु-भरा जीवन है मेरा, अवश्य उसको छू लेता। तुमने उसे फिर से जीवित किया तो तुम उस गुण की हत्या कर दोगे जिस गुण से भरकर नित्तिलाई सुंदर थी।

अरवसु : यह सच नहीं है।

राक्षस : ध्यान रहे अरवसु, यदि नित्तिलाई फिर से आई तो उसका जीवन भी उतना ही पीड़क होगा जितना मेरा क्योंकि वह जानेगी, मेरी मुक्ति रोककर ही जनमी है वह। हर क्षण मेरा चीत्कार सुनेगी वह—प्रतिपल। जो तू माँग रहा है अरवसु, वरदान नहीं है वह। नित्तिलाई के लिए अनंत पीड़ा का नरक माँग रहा है तू इंद्र से। सोच अरवसु, अब तो अनुभवी हो चुका है तू।

[अरवसु चुप है। प्रेतिल आत्माओं के विचित्र स्वर—कराहने के।]

इंद्र : क्या सोच लिया अरवसु ? कर लिया निर्णय।

अरवसु : हे देवेंद्र !

इंद्र : कहो।

अरवसु : मुक्त करो इस राक्षस को।

इंद्र : तुम ठीक ऐसा ही चाहते हो ?

अरवसु : हाँ, नित्तिलाई ऐसा ही चाहती है।

इंद्र : तो लो, ऐसा ही होगा। तथास्तु !

[विजय के हर्षोन्माद में चीखता है राक्षस और फिर छा जाती है एक लम्बी चुप्पी। प्रेतिल आत्माओं के समूह से एक आहत स्वर उठता है—निराशा का। धीरे-धीरे पीछे हटती हैं छायाएँ और उन्हीं के संग-संग चली जाती है नित्तिलाई की आत्मा भी।]

अरवसु : नित्तिलाऽऽऽ !

[अरवसु शिथिल होकर बैठ जाता है और नित्तिलाई के मृतक शरीर से लिपट जाता है। राक्षस प्रतीक्षा करता है विकल भाव से किंतु कहीं कुछ होता नहीं। वह ताकता है हर ओर विकल होकर और भय से आक्रांत। सम्पूर्ण संसार हो गया हो गतिहीन जैसे। अजब कानाफूसी के साँय-साँय स्वर पसरने लगते हैं समवेत।]

भीड़ : यह क्या है...क्या गंध आती है तुम्हें उसकी ? हाँ-हाँ, धरती के भींगने की गंध सौंधी-सौंधी महक माटी की। बरखा ! पहली बूँद पड़ी हो जैसे ! ओह, बरस रहा है यह तो ! बरखा-पानी, कहीं न कहीं—आस-पास ! हाँ, हवा में भर गई है माटी की गंध। बरस रहा है...बरस रहा है, बरखा, बरखा, बरखा, पानी, पानी !

[हवा बिजली बादल की कड़क। लोगों का चीत्कार-बरखा ! बरखा ! राक्षस जैसे पिघल जाता है। उसकी हँसी का स्वर सुनाई देता है। मूसलाधार बरखा, सभी विभोर होकर नाच रहे हैं। माटी में

लोट रहे हैं। माटी और पानी में बैठा है अरवसु नित्तिलाई के शव से लिपटा हुआ।]

अरवसु : देखो नित्तिलाई, बरखा !....

●●●